Federico Povoleri

SUB LIMEN 2

il lato oscuro di Hollywood

Autore: Federico Povoleri
Titolo: Sub Limen 2 - Il lato oscuro di Hollywood
             Edizione 2023
Collana: Saggistica

Copertina: Fabiano Fiorin

A mio padre,
alla tua onestà poco apprezzata,
ai tuoi talenti non riconosciuti

Desidero ringraziare Carlo Brevi per l'aiuto nell'interpretazione simbolica dell'allegoria mostrata nel film *"Fantasia"* di Walt Disney, e Giuseppe Rausa che mi ha gentilmente concesso l'uso della sua attenta e lucida analisi del film *"Eyes Wide Shut"*.

Prefazione

di Massimo Mazzucco

Tutte le grandi invenzioni dell'umanità sono sempre state caratterizzate da un netto dualismo nelle possibilità del loro utilizzo. La scoperta dell'energia nucleare ha portato dei chiari vantaggi in termini di progresso industriale, ma ha anche prodotto la bomba atomica. L'invenzione delle medicine create in laboratorio ha dato un contributo enorme nel combattere le malattie che affliggono l'umanità, ma anche permesso la nascita di un'industria, quella farmaceutica, che oggi tiene in scacco la popolazione mondiale, avendola trasformata in consumatori seriali di medicinali. La nascita di internet ha permesso di abbattere le barriere dell'informazione, ma rischia seriamente di danneggiare le generazioni più giovani, rendendole schiave di un mondo virtuale completamente separato da quello reale.

Anche il cinema, una delle più straordinarie invenzioni del secolo scorso, ha subito questa dicotomia nell'utilizzo benigno-maligno di questo mezzo di comunicazione: da una parte ha permesso la creazione di capolavori artistici assoluti, destinati a rimanere per sempre nella storia dell'umanità. Dall'altra è diventato un subdolo strumento di manipolazione delle masse, che agisce a livello inconscio e modifica la nostra percezione della realtà.

La meraviglia del cinema è che permette allo spettatore di adagiarsi sulla poltrona, nel buio della sala, e perdersi in un viaggio onirico che può condurlo oltre i confini della sua immaginazione. La tragedia del cinema è che questo strumento può essere utilizzato, in termini negativi, da persone che vogliano condizionare le masse ad agire secondo una realtà percepita che non corrisponde più al mondo oggettivo.

Si chiama propaganda.

Ed è, curiosamente, proprio la macchina produttiva che si è impossessata di questo mezzo di comunicazione a livello globale - ovvero

Hollywood – ad avere contribuito anche alla più vistosa deformazione della realtà in favore del potere che la gestisce e la controlla.

Lo strumento che è in grado di regalarci i più meravigliosi sogni ad occhi aperti è anche lo strumento che è più fortemente in grado di condizionare il nostro modo di pensare, di percepire la realtà, e quindi in ultima analisi di agire. Ecco che questo volume porta il lettore a conoscenza di alcune delle metodologie che la propaganda sta utilizzando ormai da decenni. Simboli, rimandi, costruzioni di modelli comportamentali che condizioneranno le generazioni a venire, messaggi subliminali inseriti in "innocenti" prodotti dell'intrattenimento. Ma Povoleri fa un passo anche verso chi, nel tempo, ha cercato di utilizzare gli stessi metodi per veicolare informazioni, che date in altro modo sarebbero state bloccate o secretate. È il caso dell'analisi che fa l'autore sulla filmografia di Kubrick, attraverso la quale porta alla luce tutta una serie di manovre sommerse, create per manipolare lo spettatore di un qualcosa che, apparentemente, è solo divertimento o appunto, intrattenimento. Sub Limen 2 – Attacco alle menti… il lato oscuro di Hollywood, prende in esame anche il "lavoro" fatto dalla Disney nel corso degli anni. Un lavoro impregnato di simbologia massonica e non solo, storie create appositamente per plasmare le menti dei più piccoli, in modo da poterle, un domani (ormai oggi), manipolare e condizionare, ecco perché è solo comprendendo a fondo i meccanismi subliminali di questo condizionamento possiamo sperare di restare liberi di determinare le nostre azioni nel mondo reale indipendentemente da ciò che, di volta in volta, vediamo sullo schermo.

1. Armi di manipolazione di massa

L'umanità è una mandria di esseri che devono essere governati con la frode, l'inganno, e con lo spettacolo.
(Edmund Burke)

Facciamo un gioco? Desidero condividere con voi una piccola curiosità: se vi collegate in rete e inserite in un motore di ricerca le parole: *"Propaganda"* e *"Cinema"*, vi ritroverete con una vagonata di risultati relativi al cinema di propaganda legato al fascismo, al nazismo e in generale al periodo bellico della Seconda Guerra Mondiale. Un ridotto numero di risultati vi apparirà relativamente al cinema di propaganda russo del periodo comunista e quasi nulla, anzi, direi proprio un deserto di connessioni assenti, su Hollywood e il cinema contemporaneo. Per trovare qualcosa, ma comunque non molto, c'è bisogno di organizzare ricerche mirate utilizzando termini e nomi appropriati, ma i risultati sono per la maggior parte in lingua inglese. Un problema di algoritmi? Una censura invisibile? O una reale assenza di informazioni?

Ciò che mostra Internet pare confermare l'immaginario comune: il cinema di propaganda inserito nel nostro attuale sistema culturale e nella nostra quotidianità, sembra non esistere. Una ulteriore conferma, la troviamo in una considerazione interessante presente su Wikipedia, che a proposito del cinema di propaganda nel dopoguerra recita: *"...In Italia, come nei paesi europei occidentali, la propaganda ebbe sempre meno presa e senso. Le nascenti democrazie, si imposero di lasciare questo mezzo al passato, tendendo comunque a delegare ai documentari gli aspetti di informazione e persuasione..."* l'enciclopedia online conclude così: *"...Un paese che fa un uso massiccio di propaganda patriottica, è rappresentato dagli Stati Uniti, benché l'aspetto sia mitigato dall'azione... in questo senso, una recrudescenza dell'utilizzo della propaganda è avvenuto dopo gli attentati dell'11 settembre 2001."*[1]
In questo estratto di Wikipedia notiamo alcune cose interessanti; prima di tutto l'associazione di termini antitetici come: *"Informazione"*

---

[1] https://it.wikipedia.org/w/index.php?title=Film_propagandistico&action=edit§ion=7

e *"Persuasione"*. Se voglio persuadere qualcuno devo manipolare l'informazione e quindi, per definizione, non faccio informazione ma disinformazione. Ma in ogni caso, secondo Wikipedia, questi aspetti appartenenti alla propaganda del periodo bellico in Europa, sarebbero limitati e delegati oggi ai documentari (in parte è vero), mentre l'intero concetto di propaganda, avrebbe avuto nei paesi europei sempre meno: *"presa e senso"* (nel mio primo saggio[2] abbiamo visto che non è vero), e continuerebbe a essere associato strettamente alle due guerre mondiali e all'idea di patriottismo. In questa direzione, viene identificato il cinema americano come artefice di propaganda patriottica contemporanea che però, secondo l'enciclopedia online, viene in qualche modo *"mitigata"* dall'azione. Sarebbe interessante capire per quale motivo Wikipedia ritiene che l'azione, o il genere cinematografico (fantascienza, spie, etc.), dovrebbe in qualche modo addolcire o rendere meno invasivo il messaggio propagandistico. Semmai, è proprio la narrazione, il contesto e l'identificazione che il pubblico ha con i personaggi e i valori che essi rappresentano a rafforzarlo.

Questo piccolo esempio di ciò che emerge dai sistemi informativi che utilizziamo normalmente, ci mostra la totale mancanza di riferimenti (ignoranza voluta o inconsapevole?), rispetto al concetto di moderna propaganda, che non può essere slegato da personaggi chiave come Gustav Le Bon[3], Edward Louis Bernays[4] o Walter Lippman[5], e qui viene il bello; non che a Wikipedia manchi una pagina su di loro, ma se poi questi personaggi non vengono collegati al significato e alle implicazioni della loro opera, è chiaro che soltanto chi li conosce o ha studiato i loro libri, è in grado di rapportarli agli eventi contemporanei e comprendere l'influenza diretta e indiretta che hanno avuto con il loro operato. Nel mio precedente libro sulla propaganda ho parlato diffusamente di Bernays[6], e ho tentato di rendere chiaro un concetto che ha delle implicazioni enormi sulla nostra vita:

"Le moderne tecniche di propaganda funzionano su tutte le menti, perché

---

[2] Sub Limen, La tua vita è un inganno – Federico Povoleri - 2020

[3] Ibidem

[4] Ibidem

[5] https://it.wikipedia.org/wiki/Walter_Lippmann

[6] Vedi: Sub Limen, La tua vita è un inganno – Federico Povoleri - 2020

sono in grado di scavalcare completamente l'aspetto razionale di ognuno di noi, agendo esclusivamente sugli aspetti emozionali e su tutti quegli automatismi che fanno parte dei nostri processi cognitivi".

In questo nuovo saggio mi concentrerò sul cinema perché, come abbiamo visto, la potenza di questo mezzo nell'influenzare le menti, è totalmente sottovalutata sia dall'informazione reperibile che dalla convinzione di ognuno di noi di saper fare una corretta distinzione tra realtà e fantasia (ognuno di noi, quando va al cinema sa benissimo di assistere a un'opera di finzione). Uno degli assunti ormai consolidati nel nostro sistema di credenze, recita:

"È soltanto un film".

Generalmente vogliamo goderci un'ora e mezza di evasione e divertimento e tendiamo a non considerare il fatto che un film racchiude un insieme di caratteristiche capaci di colpire la nostra emotività, radicandosi nel nostro immaginario o meglio: desideriamo che il nostro lato emotivo sia sollecitato per poterci divertire durante la visione, ma siamo del tutto inconsapevoli che queste stimolazioni hanno effetti collaterali che si manifestano nel tempo e a nostra totale insaputa. Pensateci un momento, se assumiamo un farmaco e ci sentiamo male nel giro di poche ore, viene naturale associare il malessere al farmaco (a meno che qualcuno non ci abbia trasmesso la granitica convinzione che quel farmaco è, non solo sicuro, ma miracoloso. In quel caso, arriveremmo a negare la realtà e ogni ragionamento logico, perché non saremmo in grado di accettare l'idea che ciò che abbiamo appena immesso nel nostro corpo possa essere dannoso). Ma se gli effetti collaterali si manifestassero a distanza di mesi o di anni? E se fossero di natura tale da non essere, almeno apparentemente, direttamente imputabili all'assunzione di quel farmaco? Noi non penseremmo più a quel lontano episodio come causa scatenante ma ci chiederemmo magari cosa abbiamo mangiato la sera prima, o cosa ci è capitato nel breve periodo per giustificare quel tipo problema. Curiosamente questo tipo di percezione, avviene anche con il cibo; parlando con Filippo Ongaro, medico degli astronauti e pioniere in Italia della nutrigenomica, emergeva come il fatto stesso che gli effetti collaterali di un'alimentazione errata si manifestino nel tempo, e non immediatamente, porti la gente a non dare il giusto peso, e generalmente a non considerare il cibo come fonte determinante di gravi malattie degenerative, così come di potenziale sistema di cura anche nei riguardi di malattie considerate incurabili (e questo nonostante gli ormai sempre più numerosi dati che dimostrano il contrario).

E così come non disponiamo di un bagaglio culturale che ci ha insegnato a considerare il cibo come fonte di salute/guarigione o di malattia/degenerazione. Basta pensare al concetto generalmente accettato del mangiare per rimettersi in forze; quanti sanno ad esempio che smettere di mangiare durante un'influenza velocizza la guarigione?[7]), allo stesso modo siamo abituati a considerare innocuo il film che è soltanto un film. Nessuno ci ha insegnato a considerare in tutta la sua importanza l'aspetto emotivo come la chiave per formare pensieri, opinioni e per costruire la nostra personalità. In altre parole, non siamo consapevoli delle implicazioni dovute a una manipolazione delle nostre emozioni, eppure si tratta di un aspetto ben conosciuto e indagato in psicologia. La psicoterapeuta, Alice Miller, indaga da anni le problematiche relative alla depressione, dalle insicurezze ed eccessive sicurezze, alla scarsa autostima o agli eccessi egoici, a tutta la sfera, insomma, che attraverso l'emotività rende le persone problematiche, spesso inconsapevolmente e sotto vari aspetti. Nella sua ricerca, non si limita ad analizzare coloro che hanno subito traumi evidenti nell'infanzia, ma dimostra le problematiche che si sviluppano anche in chi dichiara di aver avuto un'infanzia felice. Il lato interessante del suo lavoro riguarda proprio le emozioni, come si trasferiscono da genitore a bambino e come influiscono nella crescita e nella formazione della personalità. Se i genitori hanno traumi irrisolti, anche se non ne sono consapevoli, li trasferiranno al bambino:

"...Ogni bambino ha il legittimo bisogno di essere guardato, capito, preso sul serio e rispettato dalla propria madre. Deve poter disporre della madre nelle prime settimane e nei primi mesi di vita, usarla, rispecchiarsi in lei... la madre guarda il bambino che tiene in braccio, il piccolo guarda la madre in volto e vi si ritrova... a patto che la madre guardi davvero quell'esserino indifeso nella sua unicità, e non osservi invece le proprie attese e paure, i progetti che imbastisce per il figlio, che proietta su di lui.

---

[7] https://www.cristinatomasi.com/digiuno-terapeutico-e-molto-di-piu/ vedi anche: https://www.foodspring.it/magazine/digiuno-terapeutico

In quel caso sul volto della madre il bambino non troverà sé stesso, ma le esigenze della madre. Rimarrà allora senza specchio e per tutta la vita continuerà invano a cercarlo...[8]

Il subcosciente è una porta di accesso in grado di condizionare la nostra vita e il cinema, utilizzando questa *"Backdoor"*,[9] riesce a far passare tutta una serie di concetti e idee che lentamente, e inconsapevolmente, sedimenteranno nel nostro intimo, fino a diventare parte della nostra cultura e delle nostre convinzioni, influenzandone di fatto i pensieri e i comportamenti. Le caratteristiche di una pellicola capaci di agire sull'emotività dello spettatore comprendono:

1. "La narrazione"
Una storia è in grado di emozionarci, di provocare un'identificazione con il nostro vissuto, di confermare le nostre opinioni o di suggerirne di nuove; abbiamo ad esempio molti aneddoti in cui anche un libro è stato sufficiente a cambiare la vita di un individuo, in meglio o in peggio (vedi anche l'effetto Werther in Sub Limen, la tua vita è un inganno). La potenzialità legata all'identificazione di un lettore/spettatore con i personaggi e gli eventi di una fiction non va sottovalutata. Non per nulla scrittori e sceneggiatori fanno spesso riferimento alle figure degli archetipi, profondamente radicati nel nostro inconscio e nella memoria collettiva, per costruire le loro storie.

2. "Le immagini"
Come già mostrato nel mio saggio precedente, l'immagine ha un potere enorme nell'influenzare psicologicamente l'osservatore; il tipo di inquadratura, la composizione stessa dell'immagine è in grado di trasmettere enormi quantità di informazioni sia a livello cosciente che sub-cosciente. Una singola immagine, ben costruita, può mettere in soggezione l'osservatore, aumentare il battito cardiaco, ispirare emozioni forti che a loro volta innescano reazioni chimiche nel corpo: repulsione, eccitazione, esaltazione, tristezza etc.

---

[8] Alice Miller – Il dramma del bambino dotato – Bollati Boringhieri 1996

[9] Il termine "Backdoor" (porta sul retro) è usato in informatica per identificare un metodo segreto per aggirare o bypassare i sistemi di sicurezza e di autenticazione di vari software. Ad esempio, per un software in cui la parola d'ordine (password) cambia in continuazione impedendoci l'accesso se non la conosciamo, il programmatore di quel software, nel caso voglia garantirsi un accesso anche dopo averlo ceduto a terzi, può crearsi una backdoor inserendo una parola che conosce soltanto lui e sconosciuta a chiunque gestirà quel programma in futuro

3. "Il montaggio"

Il montaggio, cioè l'arte di mettere in sequenza le immagini per costruire una narrazione, è in grado, come affermava il maestro del cinema Sergej Michajlovič Ejzenštejn, di essere concepito in modo matematico al fine di provocare uno shock emotivo nello spettatore *"...suscitando emozioni e nuove associazioni di idee..."*[10]

Il montaggio delle immagini unito al potere delle stesse è in grado di suscitare domande, ispirare riflessioni, ma anche di stordire lo spettatore, aumentando a dismisura il potere del messaggio contenuto nell'inquadratura.

4. "La Musica"

Anche in questo caso, ho illustrato nel mio libro precedente come la musica ha la capacità non soltanto di emozionare, ma anche di indurre posture, comportamenti, stati ipnotici e alterati di coscienza. Pensiamo solo per un momento ai ritmi tribali o ai canti religiosi, in grado appunto, di proiettare i soggetti coinvolti in esperienze psichiche e psicotrope. Ci sono inoltre, numerose ricerche sulle stesse frequenze usate per diffondere i suoni, che dimostrano il potere della musica nel rilassare, esaltare, e indurre ogni genere di esperienza emotiva e sensoriale nell'ascoltatore.

5. "Effetti speciali"

Questi comprendono sia gli effetti visivi che auditivi; per i primi si parla oggi di *"Deep Fake"*, la capacità cioè, grazie alle nuove tecnologie sviluppate dalla computer grafica e dall'intelligenza artificiale, di creare video falsi assolutamente indistinguibili da quelli reali. Ma esistono altri modi per colpire la psiche dello spettatore; ad esempio, con l'utilizzo delle luci. Nel film *"L'attacco dei cloni"* del 2002, George Lucas utilizza luci stroboscopiche durante i combattimenti con le spade laser, come elemento per influenzare psicologicamente il pubblico a livello inconscio[11]; una tecnica che trova applicazioni anche in ambito militare con la recente rivelazione, che la Russia ha realizzato un'arma basata sulla luce stroboscopica in grado di disorientare e provocare allucinazioni nel nemico[12].

---

[10]https://it.wikipedia.org/wiki/Sergej_Michajlovi%C4%8D_%C4%96jzen%C5%A1tejn#Teorie

[11]https://brightlightsfilm.com/george-lucass-wildest-vision-retrofuturist-auteurism-star-wars-episode-ii-attack-clones-2002/

[12] https://www.livescience.com/64774-russia-navy-weapon-hallucinate.html

Lo sviluppo di sistemi audio sempre più sofisticati, come ad esempio il dolby digital[13] o il DTS[14], capaci di coinvolgere sempre più lo spettatore proiettandolo all'interno del film, e coinvolgendolo in una profonda esperienza auditiva, è un altro veicolo per manipolare tramite le frequenze sonore l'inconscio del soggetto. Uno degli esempi più famosi e conosciuti riguarda l'inserimento di una frequenza a 16 hertz, inudibile all'orecchio ma capace di provocare stati di ansia e terrore negli spettatori che andarono a vedere il film *"Terremoto"* (1974), ignari che una tecnica di tortura della Cia era finita in un film per decretarne il successo.[15]

6. "Il Colore"

Chiunque si è occupato o ha studiato grafica pubblicitaria, conosce l'importanza del colore, i suoi accostamenti e la sua capacità di sollecitare vari stati emotivi. Molti corsi pubblicitari comprendono lezioni complete sull'uso del colore come mezzo per *"influenzare"* positivamente il soggetto bersaglio del messaggio pubblicitario. Nel cinema, si parla di *"Palette di colori"*, cioè della tavolozza di colori (i principali più le sfumature), che vengono selezionate per ogni film. Un regista, con le idee chiare, sa benissimo quali sensazioni ed emozioni vuole suscitare nel pubblico e di conseguenza, la ricerca del colore rappresenta una parte importante del processo produttivo. Anni fa un amico grafico rimase sorpreso dalla visione del film di animazione: *"Rango"*[16]; mi disse che aveva dei colori incredibili, riuscivi a sentire, a percepire il calore del deserto, il senso di afa e soffocamento, la temperatura del luogo in cui era ambientato; ed è vero, la palette colori del film è studiata esattamente per trasmettere queste sensazioni.

In breve, possiamo dire che il cinema è un'autentica arma di manipolazione di massa, e vale quindi la pena approfondire l'argomento e gettare uno sguardo sulla settima arte, che fin dalla sua nascita, è stata utilizzata con successo a questo scopo. L'industria cinematografica odierna, è in grado di raggiungere vette le cui implicazioni e conseguenze iniziano forse a essere chiare a chi, con l'attuale narrazione

---

13 https://it.wikipedia.org/wiki/Dolby_Digital

14 https://it.wikipedia.org/wiki/Digital_Theater_System

15 Federico Povoleri - Sub Limen, la tua vita è un inganno (PlaceBook 2020)

16 https://www.imdb.com/title/tt1192628/?ref_=fn_al_tt_1

legata al Covid, ha visto masse di persone terrorizzate non da un virus in quanto tale (altrimenti la gente dovrebbe essere terrorizzata dal raffreddore e dai milioni di altri virus, compresi i Corona Virus, con i quali convive quotidianamente da sempre), ma dall'idea (e dall'immagine) che si è formata nella loro mente, grazie a una narrazione costruita nel tempo e diffusa prima dal cinema, e successivamente dai giornalisti.

Si tratta di un'immagine terrificante e molto potente, capace di far emergere le nostre paure più ataviche come la paura del buio e quindi dell'ignoto (il virus è invisibile), e la mancanza di respiro, che è legata al gesto automatico più naturale e indispensabile alla nostra vita. Una paura impersonata inoltre da zombie cannibali resi tali da virus sconosciuti che identificano i nuovi untori (i contagiati), capaci di trasformare o annientare l'umanità nei modi più orribili e fantasiosi che il cinema è riuscito a escogitare, propinandoceli per anni assieme al sospetto nei riguardi del vicino di casa, pronto a trasformarsi da potenziale conoscente/collaboratore/amico al peggior pericolo in agguato, che può rendere incerto qualsiasi senso di sicurezza, ci abbia sempre trasmesso un ambiente conosciuto, domestico e familiare. In tutti questi scenari apocalittici in cui virus letali hanno trasformato o annientato l'umanità, la salvezza arriva sempre e soltanto dal governo, dalle autorità, o dallo scienziato di turno che è raffigurato tutte le volte come un eroe. Queste figure retoriche rappresentano l'ordine costituito e l'ultima speranza di salvezza. Non dobbiamo mai dimenticare, infatti, che se il primo pericolo è il virus misterioso e letale, in questo tipo di pellicole, il secondo terrificante pericolo è rappresentato dallo zombie che simboleggia sì l'untore, ma anche il concetto di anarchia; uno spauracchio da temere quanto la malattia perché è sempre necessario che il popolo, come un gregge di pecore, si stringa attorno al pastore, allo *stato mamma* capace di proteggerlo e guidarlo, rinunciando nel contempo alla sua libertà e autodeterminazione, o travisandone completamente il significato.

Scommetto che non avete mai visto sotto questa luce il cinema appartenente ai generi zombies e virus letali, ma se ci fate caso, vedrete che i valori e l'ideologia che emerge dalla narrazione contenuta in queste pellicole è sempre la stessa.

Uno degli aspetti curiosi della società occidentale, è che molte persone asseriscono di non essere interessate alla politica, ma ignorano completamente che tutto il sistema mediatico dell'intrattenimento, del cinema, della musica, della televisione e dello sport, fino ai videogiochi, è imbevuto di politica e agisce sistematicamente per influenzare le opinioni del pubblico mentre lo "distrae" e lo diverte. Provate a pensare soltanto al concetto di *"Influencer"*[17], oggi talmente popolare che molti di noi solleticano il proprio ego, con il desiderio di trasformarsi in un personaggio dal largo seguito, davanti al miraggio di facili guadagni e fama. Le persone hanno un'adorazione per i personaggi famosi, ne imitano i comportamenti, il linguaggio, le acconciature dei capelli, i modi di vestire e di vivere. Allo stesso modo assorbono in maniera del tutto inconscia idee, principi e valori che vengono diffusi attraverso l'intero sistema mediatico che va dalla notizia al puro intrattenimento. Capite che in uno scenario simile è piuttosto ingenuo e fuorviante affermare: *"Io non seguo la politica"* quando la politica stessa invade ogni sfera dell'intrattenimento per far passare i suoi messaggi. Oggi possiamo assistere a un capo di stato che si rivolge a Fedez e Chiara Ferragni, per ricevere aiuto grazie alla propaganda che questi personaggi possono diffondere al loro pubblico;[18] o scoprire che, il DJ e produttore Moby, piuttosto famoso agli inizi del 2000, ha rivelato di essere stato in contatto con *"agenti attivi della CIA"*, che gli avrebbero "confermato" che la Russia stava *"ricattando"* Trump. Gli avrebbero quindi chiesto aiuto per diffondere alcune informazioni tra i suoi molti fan:

"...Così mi hanno trasmesso alcune informazioni e mi hanno detto: guarda, hai più seguaci sui social media di chiunque di noi, puoi per favore pubblicare alcune di queste informazioni? ..."[19]

Abbiamo di conseguenza i servizi segreti che si rivolgono alle celebrità per diffondere informazioni e quindi, opinioni e idee; in questo caso, per diffamare il presidente Donald Trump che verrà poi coinvolto nel-

---

[17] https://www.glossariomarketing.it/significato/influencer/

[18] Solo a titolo di esempio ricordiamo la chiamata che il presidente del consiglio Conte fece a Fedez e la Ferragni per invitarli a propagandare l'uso della mascherina https://www.ansa.it/sito/notizie/cultura/musica/2020/10/19/fedez-conte-ci-ha-chiesto-aiuto-per-invito-a-uso-mascherina_b429524a-814b-48d3-a4f0-966103b7f2ee.html

[19] *Pitchfork "Moby afferma che agenti della CIA gli hanno chiesto di spargere la voce su Trump e la Russia" di Noah Yoo (12 gennaio 2018)*

lo scandalo del Russiagate. Scandalo che si rivelerà in seguito essere un'operazione del tutto inventata e coordinata da alcuni personaggi appartenenti a quello che viene comunemente chiamato: Deep State (Stato Profondo Ndr)[20]. Tutto questo, rappresenta soltanto la punta dell'iceberg. Come ho già avuto modo di spiegare esistono due tipi di propaganda: la *"greengrass propaganda"* che è direttamente mirata alle masse e la *"top leader propaganda"* che è indirizzata ai personaggi che hanno un largo seguito o che rappresentano una figura autorevole che il pubblico segue; attori, medici, sportivi, etc. Come dice appunto il termine oggi molto di moda: *"Influencer"* (Prima erano definiti: Opinion Leader). E ci sono due modi per servirsi di queste figure: il primo è quello di farli partecipare consapevolmente e consiste nel pagarli e/o garantire loro favori e privilegi affinché prestino la loro immagine e la loro arte per lanciare il messaggio propagandistico. Il secondo metodo riguarda invece un coinvolgimento inconsapevole; vengono cioè essi stessi resi bersagli del messaggio propagandistico. In questo caso si ottiene un vantaggio importante: sarà il personaggio a maturare una convinzione che riterrà del tutto autonoma e di conseguenza si prodigherà con maggiore convinzione, nel diffondere in modo spontaneo e autentico il messaggio propagandistico verso i suoi seguaci. Quando fu diffusa la falsa storia dei bambini belgi con le manine mozzate, dai feroci soldati tedeschi, durante la Prima Guerra Mondiale, l'operazione di propaganda fu supportata e ulteriormente amplificata da cantanti e poeti che, colpiti da questa storia terrificante, ci costruirono sopra canzoni e poesie capaci di penetrare l'immaginario del pubblico, commuovendolo e ispirando sentimenti di giustizia e rivalsa.[21]
Il cinema, la musica e l'intrattenimento in genere, è quindi pregno di politica e propaganda ed essendo un aspetto sempre più totalizzante e presente nella nostra vita, ci riguarda tutti. Il subcosciente sfugge al controllo razionale ma è capace nel tempo e in modo autonomo, di formare le nostre opinioni e le nostre idee e un bravo regista sa esattamente come manipolarlo.
Accompagnatemi dunque in questo viaggio nel fantastico mondo del cinema, che mi auguro possa aiutarvi a vedere un film in modo più consapevole. Si tratta di un viaggio affascinante e per certi versi potrà

---

[20] https://it.wikipedia.org/wiki/Stato_profondo
[21] Federico Povoleri - Sub Limen, la tua vita è un inganno (PlaceBook 2020)

risultare inquietante, ma non dimenticate che lo scopo è quello di aumentare la propria consapevolezza, allenare il nostro spirito critico e alzare la nostra soglia di attenzione per essere maggiormente protetti. Questo non significa che non sarete più in grado di godervi un film; semplicemente non sarete più disposti a subirlo autisticamente. Potrete anzi cambiare prospettiva evitando trappole e manipolazioni e scoprendo che sotto la superficie di un racconto frutto della fantasia, si nascondono vari livelli di informazione più o meno visibili. Capirete la differenza tra propaganda esplicita e propaganda nera, celata ma presente. Getteremo uno sguardo anche su alcuni misteri che riguardano l'uso della simbologia e strani riferimenti profetici che vanno oltre le semplici coincidenze. Questo aspetto potrebbe apparire fantasioso o merce a buon mercato per teorie del complotto, ma è indubbiamente presente in molte pellicole, con una tale frequenza e metodo che ne escludono la semplice casualità. Anche se per alcune stranezze, non si è in grado di trovare una spiegazione senza tirare in ballo ipotesi non sostenibili da fatti concreti e verificabili. Mi limiterò a segnalarle perché si tratta comunque di elementi inseriti consapevolmente e capaci di colpire il nostro immaginario. Queste profezie e questo uso massiccio della simbologia anche di carattere esoterico, esattamente come gli archetipi, sono in grado di ottenere effetti sulla psiche del pubblico anche se, in questo caso, non sono facilmente interpretabili.

Se vi sentite pronti a ingoiare una nuova *"pillola rossa"*, andiamo a dare un'occhiata dietro le quinte di Hollywood.

2. Riscrivere la realtà, 007 e il mito dei diamanti

I media sono l'entità più potente sulla terra. Hanno il potere di rendere colpevole l'innocente e di rendere innocente il colpevole, e questo è potere. Perché controllano la mente delle masse.
(Malcolm X)

Probabilmente, ciò che fece comprendere (nei circoli intellettuali e tra gli addetti ai lavori), tutta la potenza del mezzo cinematografico nel manipolare e influenzare le masse, fu il film del 1935 *"Il trionfo della volontà"*[1]. Commissionato da Adolf Hitler alla regista Leni Riefenstahl[2], era inteso come un documentario che doveva rappresentare la cronaca del raduno di Norimberga organizzato dal partito Nazionalsocialista tedesco dei Lavoratori[3].

In realtà, la Riefenstahl realizzò un vero film, nel quale fuse abilmente le sequenze girate al vero congresso con altre realizzate in tempi diversi e girate su dei set appositamente costruiti, ottenendo in questo modo un prodotto di una tale potenza evocativa, da colpire l'immaginario del pubblico anche al di fuori della Germania. Il film si conquistò un importante riconoscimento come opera tra le più importanti dell'arte cinematografica, guadagnando consensi in diversi Paesi, tra cui gli Stati Uniti e la Francia[4]. La regista tedesca dimostrò una grande creatività nell'utilizzare la musica di Wagner (che trasmette un epico senso di potenza) e tutte le tecniche cinematografiche più innovative, come distorsioni prospettiche, riprese aeree, e sequenze realizzate con cineprese mobili[5]. Lungi dall'essere un semplice reportage giornalistico, che doveva semplicemente *"raccontare"* al pubblico il congresso di Norimberga, rappresentava in realtà un completo capovolgimento del meccanismo dell'informazione. Molte delle sequenze che furono *"inventate"* appositamente per il film, avevano lo scopo di ottenere i massimi risultati dal punto di vista della comunicazione visiva. Lo

---

[1] https://www.youtube.com/watch?v=Qgzm2Vhhq28 Vedi anche una versione ridotta con traduzione italiana: https://www.youtube.com/watch?v=Teqbz9vj4rc

[2] https://it.wikipedia.org/wiki/Leni_Riefenstahl

[3] https://it.wikipedia.org/wiki/Il_trionfo_della_volont%C3%A0

[4] Ibidem

[5] Ibidem

stesso architetto di Hitler, Speer[6], venne ingaggiato *come "production designer"* (Scenografo Ndr) di questo blockbuster ante-litteram.

Vennero assoldate migliaia di comparse e diverse troupe di ripresa tutte al servizio della Riefensthal; furono impiegati mezzi imponenti, e le sequenze furono pianificate al punto da *"costringere"* lo stesso Fuhrer a fare spesso da comparsa. Consideriamo ad esempio queste due inquadrature, che compaiono nella sequenza iniziale del film, a pochi secondi l'una dall'altra:

Foto 1

Come si vede chiaramente, nella prima inquadratura non c'è nessuna macchina da presa alle spalle di Hitler. Questo significa che la stessa scena fu ripetuta in seguito, con la cinepresa montata sull'automobile, mentre il Fuhrer ripeteva il gesto di saluto alla folla, e la folla docilmente tornava ad applaudirlo. Esattamente come si fa al cinema: *"Motore, ciack, azione!"*.

Il film della Riefenstahl influenzerà tutta l'industria cinematografica seguente, incluso il concetto stesso di documentario; le forze armate americane durante la Seconda Guerra Mondiale, per i loro prodotti di propaganda, non si limiteranno più ad avere come registi i loro militari, ma si rivolgeranno ai più grandi maestri di Hollywood, come ad esempio, Frank Capra[7] e Alfred Hitchkok[8]. Il mondo del cinema aveva compreso il suo potenziale nel manipolare le masse.

---

[6] https://it.wikipedia.org/wiki/Albert_Speer

[7] https://it.wikipedia.org/wiki/Why_We_Fight

[8] https://www.latimes.com/archives/la-xpm-1994-04-26-ca-50581-story.htm.

Per capire fino in fondo la portata di questa nuova consapevolezza, basta pensare a ciò che riuscì a fare un giovanissimo Orson Wells[9], che a soli 3 anni dall'uscita di questo film, con una trasmissione radiofonica basata sul romanzo di H.G Wells *"La guerra dei mondi"*[10], il 30 ottobre del 1938, trasformò quello che doveva essere uno sceneggiato, una fiction, in una specie di radiogiornale che il pubblico interpretò come un evento reale. In pratica l'idea di Wells fu quella di inserirsi con brevi interruzioni in forma di comunicati speciali, nel palinsesto della CBS che prevedeva un programma musicale. All'inizio il pubblico non fece molto caso a questi comunicati. Essi annunciavano eventi strani che venivano osservati dagli astronomi come un'insolita pioggia di meteoriti, ma quando le interruzioni diventarono sempre più frequenti, fino al punto in cui si trasformarono nella trasmissione in diretta di un angosciato cronista che stava assistendo a un'invasione aliena, l'isteria colpì le persone che si riversarono in strada cercando di fuggire dalle proprie case o raggiungendo dei luoghi di culto in cui pregare. Quando il direttore generale della CBS si presentò nello studio in accappatoio per interrompere la trasmissione, Wells ripeté: *"Fatemi continuare! Devono avere paura"*[11]. Nei giorni seguenti si scatenò un autentico putiferio, in cui i giornali tentarono di demonizzare il mezzo radiofonico che gli stava sottraendo pubblico, additandolo come veicolo per trasmettere notizie inaffidabili; il *New York Times* fu in prima fila in questa battaglia uscendo con un editoriale dal titolo *"Terror by Radio"*, dove si accusarono i *"funzionari radiofonici"* di trasmettere programmi di *"fantascienza raccapricciante, offerti esattamente nel modo in cui sarebbero state fornite le notizie vere"*. La rivista *Editor and Publisher* rilanciò con la seguente affermazione: *"La nazione nel suo insieme continua ad affrontare il pericolo di notizie incomplete e fraintese su un mezzo che deve ancora dimostrare… che è competente per svolgere il lavoro di [diramare] notizie."*[12]

---

[9] https://it.wikipedia.org/wiki/Orson_Welles

[10] https://it.wikipedia.org/wiki/La_guerra_dei_mondi_(romanzo)

[11] http://www.anonimacinefili.it/2020/12/03/quarto-potere-spiegazione-significato-finale/

[12] https://www.vanillamagazine.it/fake-news-e-manipolazione-alieni-nei-media-da-orson-welles-all-incidente-di-roswell/

È interessante il tentativo dei media mainstream, rappresentati all'epoca dai giornali, di screditare il crescente successo della radio arrogandosi il potere di decidere chi ha il diritto o è in grado di fare "informazione". Come si può facilmente notare, è analogo a quanto sta succedendo ora con il dilagante successo di internet, accusata di essere l'unico luogo in cui regna la falsa informazione. Le "notizie false" sono sempre esistite e sono sempre arrivate principalmente proprio dagli organi ufficiali dell'informazione e questo è un fatto storico indiscutibile. È proprio per questo che non deve esistere un monopolio e l'informazione deve essere libera. Semmai è il pubblico che deve imparare a discernere, a controllare le fonti, esercitando uno spirito critico. L'arroganza di chi dice: "dovete fidarvi dei professionisti" quando nella storia sono stati proprio i professionisti a manipolare l'informazione grazie al fatto che ne detenevano l'esclusiva, rappresenta la volontà di chi vuole esercitare un controllo esclusivo.

Probabilmente fu per questo motivo che nel 1941, grazie alla grande fama e notorietà ottenuta con questo scandalo radiofonico, che Wells prenderà di mira il magnate dell'editoria Randolph Hearst girando il film capolavoro: "*Quarto Potere*"[13], in cui il protagonista, Foster Kane, miliardario modellato sull'immagine di Hearst, inizierà a dirigere un giornale assumendo poi il monopolio delle notizie e manipolando l'opinione pubblica attraverso l'informazione data dai suoi giornali. Questo film, oggi considerato un capolavoro assoluto del cinema, segnò il declino di Orson Wells. Hearst, infatti mise in campo tutto il suo potere per annientare il giovane regista e anche se non riuscì a far bruciare ogni copia della pellicola, distrusse la sua carriera.

Se avete letto il mio saggio precedente, dovrebbe ora apparire chiaro come, dalla pubblicazione di "Psicologia delle folle" di Gustav Le Bon, si sia arrivati alla propaganda Nazionalsocialista nel periodo bellico della Seconda Guerra Mondiale, che ha successivamente aperto le porte a un nuovo tipo di manipolazione emotiva e subliminale attraverso l'uso dell'intrattenimento, che comprende tra le altre cose,

---

[13] Citizen Kane – 1941 – di Orson Wells: https://www.imdb.com/title/tt0033467/?ref_=fn_al_tt_1

il cinema. Non è certo un caso se l'USIA[14] viene fondata nel 1953 con lo scopo dichiarato di influenzare le attitudini e le opinioni del pubblico estero.

Foto 2

Questo ufficio di collegamento tra Hollywood, il Pentagono e Washington, che comprendeva anche l'industria televisiva, rappresentò il più gigantesco apparato di propaganda mai realizzato. Alvin Snyder, ex direttore del servizio cinematografico e televisivo dell'USIA, nelle sue memorie pubblicate nel 1995, ricorda che il governo gestiva il più grande apparato di relazioni pubbliche del mondo, con un personale di oltre 10.000 membri sparsi in 150 paesi, che hanno diffuso la propaganda americana in 70 lingue con un importo di almeno 2 miliardi di dollari l'anno. L'USIA rappresentava il ramo più grande di questa enorme operazione di propaganda[15].

Il ruolo di questo dipartimento suscitò negli anni, crescenti polemiche che portarono alla sua chiusura "ufficiale" nel 1999. Infatti, se lo scopo dichiarato era quello di influenzare il pubblico estero, in realtà, attraverso i film e la televisione, la propaganda veniva veicolata anche al pubblico americano e la legge statunitense su questo punto era chiara. La propaganda veniva consentita se diretta a influenzare persone al di fuori del paese, ma era considerato un crimine utilizzare

---

¹⁴ https://en.wikipedia.org/wiki/United_States_Information_Agency
¹⁵ Ibidem

24

la propaganda per influenzare il popolo americano[16]. Il problema consisteva nel fatto che, molti intellettuali e politici americani, erano d'accordo con le idee di Edward Bernays, che riteneva indispensabile in una democrazia, avere una sorta di governo invisibile formato da esperti, che fossero in grado di guidare in modo invisibile, le opinioni del popolo considerato troppo immaturo e stupido per decidere da solo e autodeterminarsi[17].

Nel precedente saggio abbiamo visto le molteplici tecniche che agiscono a livello emotivo per creare opinioni e idee in un popolo totalmente ignaro di essere manipolato; ma come opera il cinema per cementificare o creare credenze comuni, usi e costumi generalmente accettati e parte della cultura popolare? Voglio raccontarvi ora la storia di un'altra enorme operazione di propaganda che ha creato un immaginario collettivo e in cui il cinema ha avuto un ruolo determinante nel diffondere e radicare questa credenza.

Tutto inizia da molto lontano e riguarda il commercio di diamanti che, fino alla metà dell'800, si svolgeva principalmente in India e in Brasile. In quel periodo i diamanti erano considerati una rarità, ma la corsa che si aprì in Sud Africa e che portò alla scoperta di giacimenti molto ricchi, ne distrusse il mito di scarsità. Per le regole dell'economia, questo si tradusse in un abbattimento della domanda e dei prezzi dopo che il mercato fu inondato dall'offerta di diamanti. Ma qualcuno aveva interesse a mantenere il mito della scarsità di diamanti, per fare in modo di preservare l'idea che fossero preziosi, di grande valore, e quindi desiderabili[18]. Quell'uomo era Cecil Rhodes[19], un imprenditore e politico britannico, che durante la grande corsa ai diamanti in Sud Africa, iniziò a vendere pompe d'acqua ai minatori[20]. Con i profitti della sua attività, Rhodes iniziò ad acquistare giacimenti di diamanti, tra cui uno di proprietà di due fratelli di nome: "De Beer". Inoltre, nel 1880 acquistò i diritti di scavo dall'imprenditore e rivale

---

[16] Sub Limen la tua vita è un inganno – Federico Povoleri – PlaceBook 2020

[17] Ibidem

[18] https://www.businessinsider.com/history-of-de-beers-2011-12?r=US&IR=T#the-story-of-de-beers-starts-with-english-born-businessman-cecil-rhodes-who-broke-into-the-diamond-business-in-south-africa-by-renting-water-pumps-to-miners-before-buying-diamond-fields-of-his-own-2

[19] https://it.wikipedia.org/wiki/Cecil_Rhodes

[20] https://it.wikipedia.org/wiki/De_Beers

Barney Barnato, dando vita così alla *"De Beers Mining Company"*. La spregiudicatezza e la posizione politica di Rhodes lo portarono a elaborare un piano diabolico: nell'estrazione dei diamanti, la tendenza dei cercatori era quella di riunirsi in piccoli gruppi per formarne poi di più grandi. In questo modo gli individui che necessitavano di un'infrastruttura comune, formavano dei comitati di scavatori e i proprietari di piccoli diritti di scavo che desideravano avere più terra dove cercare, si fondevano con i proprietari in possesso di diritti più ampi. Questo permise alla De Beers di diventare in pochi anni la proprietaria della quasi totalità di miniere di diamanti in Sud Africa creando così un monopolio[21].

Con questa forza, la De Beers iniziò a dettare le regole e i distributori di diamanti si unirono a questa azienda perché ne condividevano gli interessi: creare di nuovo il mito della scarsità avrebbe fatto levitare i prezzi.

Quando Rhodes morì, nel 1902, la Dee Beers controllava già il 90% della produzione e distribuzione mondiale di diamanti grezzi ma il passo successivo, che trasformò l'azienda in un impero, fu intrapreso da Ernest Oppenheimer; un produttore rivale, che nel frattempo si era fatto largo nel Consiglio di Amministrazione fino a diventarne dirigente, per poi prendere in mano la guida del colosso. E fu sotto la guida di Oppenheimer che partì una delle più imponenti operazioni di propaganda e marketing. Operazione che mirava a trasformare l'idea che la gente aveva del diamante nell'immaginario collettivo. La Dee Beers, infatti, dopo aver manipolato la "domanda" di questo bene sul mercato, si apprestava a manipolare pure "l'offerta". L'obiettivo principale di questa campagna fu identificato negli Stati Uniti, e per cambiare la percezione a livello emozionale, sarebbe stato necessario convincere gli americani che "diamante" aveva lo stesso significato di *"Amore"*. Si trattava né più né meno, di costruire una neolingua come nel celebre romanzo di Orwell.

Oggi nella cultura americana ma anche nella nostra (e non solo), è radicata l'usanza di regalare alla futura sposa un anello con diamanti.

---

[21] https://www.businessinsider.com/history-of-de-beers-2011-12?r=U-S&IR=T#the-story-of-de-beers-starts-with-english-born-businessman-cecil-rhodes-who-broke-into-the-diamond-business-in-south-africa-by-renting-water-pumps-to-miners-before-buying-diamond-fields-of-his-own-2

Si tratta di una vera e propria tradizione e ogni maschio americano sa che la misura del suo amore viene espressa da questo anello, autentico simbolo di romanticismo.

Per realizzare questo *"imprinting"* nella cultura di massa, la Dee Beers si rivolse alla più grande agenzia di pubblicità del mondo, che all'epoca rispondeva al nome di: N.W. Ayer & Son[22] che sviluppò la seguente strategia.

Gli idoli del cinema, modelli di romanticismo per il pubblico di massa, avrebbero ricevuto diamanti da utilizzare come simboli di amore indistruttibile. Si sarebbero create inoltre storie e fotografie mondane da pubblicare su riviste e giornali selezionati per rafforzare il legame tra diamanti e romanticismo. Gli stilisti avrebbero parlato nei programmi radiofonici a proposito della *"tendenza verso i diamanti"*. In un memorandum inviato alla Dee Beers, l'agenzia illustrò un programma che includeva l'organizzazione, in accordo con i docenti, per visitare le scuole superiori in tutto il paese, organizzando una serie di conferenze centrate sull'anello di fidanzamento con diamante, che avrebbero raggiunto migliaia di ragazze nelle principali istituzioni educative. L'agenzia aveva inoltre organizzato un servizio settimanale chiamato *"Hollywood Personalities"*, che forniva a 125 importanti giornali, la descrizione dei diamanti indossati dalle star del cinema[23]. In breve, dal 1939 al 1979, le vendite all'ingrosso di diamanti di De Beers negli Stati Uniti, aumentarono da 23 milioni di dollari a 2,1 miliardi di dollari; e in quei quattro decenni, il budget pubblicitario dell'azienda salì da 200.000 dollari a 10 milioni di dollari all'anno[24]. Ma il capolavoro finale della N.W. Ayer & Son, fu realizzato da Mary Frances Gerety[25], una pubblicitaria da poco assunta nell'agenzia, che nel 1948 creò lo slogan diventato in seguito il marchio distintivo della Dee Beers: *"A diamond is forever"* (Un diamante è per sempre Ndr).

Foto 3

---

[22]   https://it.wikipedia.org/wiki/N._W._Ayer_%26_Son

[23]https://www.theatlantic.com/international/archive/2015/02/how-an-ad-campaign-invented-the-diamond-engagement-ring/385376/

[24]Ibidem

[25]https://www.forevermark.com/en/now-forever/a-diamond-is-forever/frances-gerety/

De Beers Consolidated Mines, Ltd.

¼ carat (25 points) $90 to $200
½ carat (50 points) $225 to $475
1 carat (100 points) $600 to $1225
2 carats (200 points) $1350 to $3180

In October, 1954, jewelers throughout the country were asked for the prices of their top-grade engagement diamonds (unmounted) in the weights indicated. The result is a range of prices, varying according to the qualities offered. Exceptionally fine stones are higher priced. Add Federal tax. Exact weights shown are infrequent.

Lover's Dream...painted for the De Beers Collection by Pierre Ino. of Paris

the mysteries of love Love has a language all its own, sweet and full of secret meanings for each lover's heart. It speaks in the mountains and the sun, in buds, and in the wondrous lights of an engagement diamond. And while its voice may some day fade from the mountains, sun and buds, it lingers clarion clear in the diamond's joyful flames, repeating the dreams of lovers down their married lifetime and beyond.

Your engagement diamond need not be costly or of many carats, but it should be chosen with care. Remember, color, cutting, and clarity, as well as carat weight, contribute to its beauty and value. A trusted jeweler is your best adviser. Extended payments can usually be arranged.

De Beers Consolidated Mines, Ltd.

a diamond is forever

Foto 3

Ora che conoscete questa incredibile storia, sapete che le star di Hollywood furono coinvolte in questa enorme operazione di manipolazione delle masse, ma forse ancora non sapete dell'esistenza di un film britannico del 1971 che sembra essere stato confezionato come un gigantesco spot pubblicitario della Dee Beers; e anche se non abbiamo prove certe del coinvolgimento della produzione in questa gigantesca operazione di marketing, la visione della pellicola, una volta conosciuta questa storia, lascia ben poco all'immaginazione.

Nel 1964, con l'uscita e l'enorme successo mondiale del film: *"Goldfinger"*[26], terzo episodio delle avventure dell'agente segreto inglese 007 interpretato da Sean Connery, la serie di film prodotta dagli scaltri produttori Albert *"Cubby"* Broccoli[27] e Harry Saltzman,[28] si trasforma in una autentica istituzione. James Bond e la sua vita fatta di lussi, belle donne e azione, entra prepotentemente nell'immaginario popolare. La Aston Martin DB5[29], la lussuosa auto piena di gadget tecnologici utilizzata in Goldfinger, diventa un oggetto di culto desiderato dall'uomo comune e dalle celebrità. Paul McCartney, ad esempio, il leggendario bassista dei Beatles, ne acquisterà una lo stesso anno dell'uscita del film[30]. Da quel momento in poi e per molti anni a venire, ogni episodio della serie diventerà un evento attesissimo, la cui prima visione sarà riservata ai reali Inglesi. Una serie capace di influenzare la cultura di massa in modo dirompente, come fecero proprio i Beatles. In questo scenario, nel 1971 esce l'ultima avventura interpretata dall'ormai leggendario Sean Connery, che aveva annunciato da tempo la sua volontà di non indossare più i panni dell'agente segreto più famoso del mondo; indovinate qual è il titolo del film?

"Diamonds are forever" naturalmente, lo slogan della Dee Beers (I diamanti sono per sempre Ndr).

Foto 4

---

[26]https://www.imdb.com/title/tt0058150/?ref_=fn_al_tt_1

[27]https://it.wikipedia.org/wiki/Albert_R._Broccoli

[28]https://it.wikipedia.org/wiki/Harry_Saltzman

[29] https://en.wikipedia.org/wiki/Aston_Martin_DB5

[30]https://www.thesun.co.uk/motors/4810525/sir-paul-mccartneys-1960s-aston-martin-db5-made-famous-in-goldfinger-to-fetch-1-5million/

ALBERT R. BROCCOLI and HARRY SALTZMAN present
Sean Connery
as James Bond 007
in IAN FLEMING'S
"Diamonds Are Forever"
Forever
Forever
Forever
Forever
Forever
starring JILL ST. JOHN as 'Tiffany Case' · CHARLES GRAY
also starring LANA WOOD as 'Plenty O'Toole' · Jimmy Dean · Bruce Cabot · Produced by ALBERT R. BROCCOLI and HARRY SALTZMAN · Directed by GUY HAMILTON
Screenplay by RICHARD MAIBAUM and TOM MANKIEWICZ · Production Designed by KEN ADAM · Music by JOHN BARRY · PANAVISION® · TECHNICOLOR®
United Artists

Foto 4

La canzone dei titoli di testa, che porta lo stesso titolo ed è interpretata da una già famosissima Shirley Bassey[31], diventa subito un successo arrivando al quattordicesimo posto nella classifica americana, facendo guadagnare al film una candidatura al premio Oscar. Ne verrà realizzata anche una versione in lingua italiana, interpretata sempre dalla Bassey, che farà parte dei titoli di coda della versione doppiata del film e il cui testo fu scritto da Gianni Boncompagni che lo intitolerà: *"Vivo di diamanti"*[32]. Versione purtroppo scomparsa dalle edizioni in DVD e Bluray della pellicola. I titoli iniziali, altro evento entrato nel mito e attesissimo dal pubblico, sono realizzati dal genio di Maurice Binder[33] che gioca sul connubio diamanti e corpi di bellissime donne. All'inizio del film viene poi propinata al pubblico una lezione, in stile documentario pedagogico, sull'estrazione dei diamanti in Sud Africa. Spiegazione che serve a dipingere positivamente, in modo indiretto, il ruolo della Dee Beers, denunciando i rischi del contrabbando dei preziosi minerali operata da un misterioso criminale (che poi si rivelerà essere l'uomo della Spectre: Ernst Stavro Blofeld), che si sospetta voglia farne incetta per poi abbassarne il prezzo sul mercato. Non lo trovate curioso dato che la Dee Beers, diventando un monopolio e mentendo sulla loro scarsità, fece in modo di far levitare i prezzi? Questa parte sembra in tutto e per tutto un'operazione di propaganda per indottrinare il pubblico. Quando viene chiesto a Bond cosa sa sui diamanti, questi risponde: *"È la più dura sostanza che si trovi in natura, taglia il vetro, invita al matrimonio ed è il migliore amico della donna come il cane lo è dell'uomo"*. La battuta di 007 richiama direttamente al film: *"Gli uomini preferiscono le bionde"*[34] (1953) in cui Marylin Monroe canta: *"Diamonds Are a Girl's Best Friend"* (i diamanti sono i migliori amici di una ragazza), altra pellicola inserita nella colossale azione di propaganda finanziata dal colosso De Beers. Durante tutta la visione del film di 007, quando entrano in scena, i diamanti vengono sempre accompagnati da una musica suggestiva e da immagini di grande effetto; basta pensare che il satellite utilizzato nel film, sfoggia un'antenna parabolica composta interamente dai

---

[31] https://en.wikipedia.org/wiki/Shirley_Bassey

[32] https://it.wikipedia.org/wiki/Agente_007_-_Una_cascata_di_diamanti

[33] https://en.wikipedia.org/wiki/Maurice_Binder

[34] https://www.imdb.com/title/tt0045810/?ref_=fn_al_tt_1

preziosi minerali, capaci di trasformarlo in un'arma letale in grado di generare un potentissimo raggio laser. Il film è ambientato in America che, come ricorderete, rappresentava il target principale dell'operazione di marketing orchestrata dalla N.W. Ayer & Son, e per la prima volta nella storia della serie inglese, venne ingaggiato Tom Mankievicz, uno sceneggiatore americano che fosse capace di scrivere come un inglese[35]. Una delle serie più longeve, autorevoli e influenti del cinema, aveva contribuito a cementificare nella coscienza collettiva l'immagine dei diamanti voluta dal monopolio della Dee Beers e sapete chi c'era dietro a tutta l'operazione portata avanti dalla N.W. Ayer & Son per trasformare il pensiero degli americani? Sempre lui: *"Edward Bernays"*[36].

[35] Tom Mankievicz dal commento al film presente nelle edizioni in DVD e Blu Ray
[36] Mark Dice – Hollywood Propaganda – (The resistance manifesto 2020)

3. Dalla distrazione alla persuasione

*Calcio, birra e scommesse riempivano l'orizzonte delle loro menti. Tenerli
sotto controllo non era difficile.*
(George Orwell, 1984)

"Panem et circenses", (pane e giochi circensi) è una locuzione coniata
dal poeta Giovenale, che volle ironicamente descrivere i desideri del
popolo che, distratto dall'intrattenimento e con la pancia piena, non
prestava attenzione al disfacimento dell'Impero Romano, che gli stava
crollando attorno. Questo modo di dire, infatti, è utilizzato ancora
oggi per descrivere quelle strategie politiche tese a mantenere alto il
consenso popolare e a distogliere l'attenzione dei cittadini dalla vita
politica, in modo da lasciarla gestire alle élite. Il problema odierno,
è che grazie alle moderne tecniche di persuasione, l'intrattenimento
non si limita più a ricoprire un ruolo di sola distrazione, ma si è trasformato, come abbiamo visto, in uno strumento capace di pilotare
idee, opinioni, gusti e sentimenti delle masse. Pensiamo solo per un
momento ai bambini; siamo passati dall'avere una televisione che ai
suoi inizi trasmetteva contenuti inequivocabilmente pensati per i piccoli, dove il genitore costituiva comunque un filtro in grado di far
arrivare per gradi il tipo di contenuto e conoscenza al bambino, a un
mondo in cui la tecnologia permette ai bambini di avere accesso a
qualsiasi tipo di trasmissione o anche gioco, aggirando completamente il controllo del genitore. Inoltre, il profondo cambiamento, è avvenuto proprio nella concezione dei contenuti stessi, siano essi giochi,
programmi o film. È stata cancellata quella linea di demarcazione che
distingueva chiaramente il tipo di contenuto fino a farne scomparire del tutto le differenze. Molti dei film sui supereroi, ad esempio,
sono intrisi di una violenza grafica, talmente esplicita, da risultare inquietante anche per un adulto. Joshua Meyrowitz, professore di studi sui media presso l'Università del New Hampshire, sottolinea: "...
*La televisione diluisce l'innocenza dell'infanzia e l'autorità degli adulti,
minando il sistema di controllo delle informazioni che li supportava. La
televisione aggira gli stadi di conoscenza che anno dopo anno vengono for-
niti ai bambini. Presenta le stesse esperienze generali ad adulti e bambini*

di tutte le età...[1] Si potrebbe aggiungere che i videogiochi non sono esclusi da questa tendenza; titoli chiaramente per adulti dove ci si può divertire a torturare un essere umano, commettere un femminicidio, picchiare e uccidere mantenendo l'impunità e anzi, venendo premiati per le proprie azioni[2], finiscono facilmente nelle mani dei ragazzini soltanto perché vanno di moda, e magari i genitori disinformati, non sanno cosa stanno regalando al loro piccolo che tanto insiste per avere quel gioco. Un bambino, oggi, nel palmo della sua mano regge un potere enorme spesso incompreso anche dagli adulti (che si servono della stessa tecnologia in modo autistico); può avere accesso a qualsiasi tipo di contenuto. In questo contesto, i colossi dell'intrattenimento in rete, come Netflix e compagnia, propongono sempre più spesso prodotti in cui non esiste più una differenza esperenziale tra adulto e bambino.

Se riflettete un momento su quanto sia diventato invasivo e totalizzante il mondo dell'intrattenimento nella vita di ognuno di noi, a tutti i livelli e a tutte le età, non vi sarà difficile rendervi conto che questo massiccio martellamento produce degli effetti. E se risulta relativamente semplice comprendere che stiamo subendo una manipolazione, è molto più difficile accettare e capire quanto in profondità arriva questo tipo di indottrinamento. Ecco perché, come abbiamo visto, una gran parte di noi, ad esempio, è portata a pensare che regalare un anello di diamanti sia una consuetudine per dimostrare il proprio amore e non sospetta minimamente che in realtà, questa convinzione, è stata abilmente inculcata nella mente, attraverso operazioni di suggestione invisibili ma tremendamente efficaci.

La storia della Dee Beers, e del film *"Diamonds are forever"*, è utile per capire quanto il messaggio propagandistico può essere sottile, trasversale e del tutto invisibile. Questo aspetto rappresenta un'evoluzione importante nel cinema di propaganda classico che è quello più conosciuto e sul quale si trovano maggiori informazioni. Il fatto che questo progresso non sia indagato è emblematico; eppure, a critici e analisti, non è certo mancata la capacità di sviscerare la

---

[1] Ibidem

[2] Vedi ad esempio la serie di giochi GTA (Grand Tefth Auto) in cui si riveste il ruolo di un criminale che può commettere qualsiasi atto efferato contro chiunque.

propaganda nel cinema del passato. Ad esempio, in piena guerra fredda, furono molte le pellicole prodotte a Hollywood che si occupavano di diffondere la propaganda anticomunista, e se togliamo quelle più esplicite e di stampo militare, legate alle operazioni di spionaggio, al pericolo di un conflitto atomico, o ai confronti in mare e ad alta tensione tra unità sovietiche e americane, resta il cinema di fantascienza che spesso è venuto in soccorso alla propaganda con pellicole come: *"L'invasione degli ultracorpi"*[3], oggi considerato un capolavoro di un ancora misconosciuto Don Siegel che diventerà uno dei più importanti registi americani.

Foto 5

La pellicola narra di un'invasione aliena che avviene tramite dei *"baccelli"* che vengono posti accanto a una persona addormentata. Il baccello fa crescere un corpo identico all'originale che, una volta completato, sostituirà la persona. Questo *"uomo nuovo"*, identico in tutto e per tutto alla matrice, è però svuotato di ogni individualità.

"...Sono tra noi, sono indistinguibili da noi, e minacciano il nostro stile di vita. Ci vogliono tutti uguali...". Questo lo slogan del film che ha un finale decisamente inquietante perché non termina con la sconfitta definitiva degli alieni (comunisti), ma con un grido di allarme: sono ancora tra noi e dobbiamo stare attenti.

Questo modo di fare cinema di propaganda è stato individuato agevolmente da critici e addetti ai lavori anche se, per il pubblico, risultava comunque efficace; l'aspetto più esplicito, che segna una differenza importante tra il cinema americano e quello italiano o francese, riguarda il fatto che i film americani sono quasi sempre centrati sulla tematica della sicurezza nazionale. Che si tratti della fantascienza di *"Independence day"* (1996), o della guerra di *"Black Hawk Down"* (2001), o di thriller d'azione come *"Mission Impossible"* (1996), viene messo in scena il pericolo per lo status di vita americano che deve trovare sempre un modo per far sopravvivere l'impero ma non solo; deve anche renderlo auspicabile e accettabile a tutti gli altri paesi. Se guardate al neorealismo italiano o alla nouvelle vague francese, questo aspetto è totalmente assente e ci si concentra invece, su riflessioni che ruotano attorno alle condizioni di vita della classe

---

[3] Invasion of the Body Snatchers – 1956 – di Don Siegel

WALTER WANGER CREATES THE ULTIMATE IN SCIENCE—FICTION!

INVASION OF THE
BODY SNATCHERS

COLLIER'S MAGAZINE
called it
"THE NIGHTMARE THAT
THREATENS THE WORLD"

AN
ALLIED ARTISTS
PICTURE

starring
KEVIN McCARTHY · DANA WYNTER
with LARRY GATES · KING DONOVAN · CAROLYN JONES · JEAN WILLES · RALPH DUMKE
Directed by DON SIEGEL · Screenplay by DANIEL MAINWARING · Based on the COLLIER'S MAGAZINE Serial by JACK FINNEY
FILMED IN
SUPERSCOPE

Foto 5

media o povera, anche se negli ultimi anni la tendenza sta cambiando e le imitazioni di un cinema centrato sulla sicurezza nazionale, stanno emergendo nelle filmografie di vari paesi europei, non ultima la Russia. Il problema principale, comunque, non riguarda soltanto le interferenze governative nel promuovere un cinema di propaganda; ma il fatto, ben più inquietante, che molte associazioni e lobby di potere, ben finanziate, utilizzino la loro influenza per modificare i prodotti dell'intrattenimento ai loro scopi, e precisamente per educare e indottrinare le masse, rendendole favorevoli ai loro programmi. Il cinema, la TV, i videogiochi etc. Hanno superato sia il concetto di intrattenimento che quello di opera artistica, per trasformarsi in una potente arma utilizzabile da chi possiede abbastanza denaro per comperare le star, gli sceneggiatori, i registi, e i creativi in genere, che siano in grado, con le loro capacità e la loro influenza, di plasmare le opere al fine di manipolare le masse per favorire di volta in volta l'agenda di una o più associazioni.

Credete sia fantascienza? Oggi negli Stati Uniti esistono oltre un centinaio di organizzazioni ben finanziate, che utilizzano l'intrattenimento per promuovere cause politiche e sociali e far accettare alle persone nuove idee e comportamenti. Questa forma di propaganda è stata denominata con il termine orwelliano di: *"Social Impact Entertainment"*. Con lo stesso nome, nel 2014, la UCLA (prestigiosa scuola di cinema e televisione che ha dato i natali a tanti registi, tra cui George Lucas) ha aperto lo *"Skolln Center for Social Impact Entertainment"*[4], con il vanto di essere il primo nel suo genere a promuovere il potere dello spettacolo nell'ispirare cambiamenti sociali. Tra le iniziative del dipartimento leggiamo:

1. Ricerca nel nuovo campo dell'intrattenimento a impatto sociale.

2. Istruire docenti e studenti al fine di usare il potere dell'intrattenimento per ispirare il cambiamento sociale.

3. Spronare il pubblico ad agire per promuovere un cambiamento sociale.

---

[4] Mark Dice – Hollywood Propaganda – (The resistance manifesto 2020)

4. Sviluppare alleanze tra i settori pubblico e privato per creare nuovi modelli e guidare il cambiamento sociale.[5]

E quali sono gli argomenti che dovrebbero essere trattati dall'intrattenimento al fine di cambiare le opinioni delle persone? Beh, ad esempio il controverso *"Cambiamento Climatico"*. In un rapporto del 2019 sullo stato del Social Impact Entertainment[6], viene citato il documentario di Al Gore: *"An Inconvenient Truth"*[7], del 2006, perché: *"ha contribuito a spostare le opinioni globali sul cambiamento climatico, una delle questioni più controverse del nostro tempo, e ha mobilitato una nuova generazione di attivisti ambientali"*.[8]

Sandra de Castro Buffington[9], leader nelle tecniche del SIE (Social Impact Entertainment), ha detto: *"Gli argomenti che sono stati tradizionalmente dei tabù, vengono visualizzati nelle serie televisive e vengono poi discussi, soprattutto tramite i social media, e per questo non sembrano più così controversi. Quando qualcosa passa dall'essere un tabù all'essere discusso apertamente, è un predittore del cambiamento del comportamento di massa"*. Queste affermazioni vi ricordano forse qualcosa? Magari *"La finestra di Overton"*[10] di cui ho parlato nel precedente saggio?[11]

Ma tra gli argomenti controversi trattati non c'è soltanto l'ambiente ma anche: la salute, l'immigrazione, la giustizia razziale, i diritti LGBT e la parità di genere, la sessualità giovanile e infantile, la salute riproduttiva, i diritti etc. E per introdurre *"nuove idee"* e indurre un'accettazione del pubblico si procede, ad esempio, alla revisione dei copioni del cinema e a tenere incontri e consultazioni con gli sceneggiatori e gli scrittori in genere. In sostanza, operazioni di propaganda ben finanziate e abilmente progettate per indurre

---

[5]Ibidem

[6]https://thestateofsie.com/the-state-of-social-impact-entertainment-sie-report-introduction-peter-bisanz/

[7]https://www.imdb.com/title/tt0497116/?ref_=fn_al_tt_1

[8]Mark Dice – Hollywood Propaganda – (The resistance manifesto 2020)

[9]https://sandradecastrobuffington.com/

[10]https://it.wikipedia.org/wiki/Finestra_di_Overton

[11]Sub Limen la tua vita è un inganno – Federico Povoleri – PlaceBook 2020

cambiamenti di opinione e sociali. Ma chi controlla i controllori? Un film sui diritti delle minoranze può essere una buona cosa socialmente utile, ma se poi subiamo un bombardamento subliminale ma anche esplicito su quanto è bello essere gay o su quanto può essere sexy un bambino, non ci troviamo davanti a un'opera di giustizia sociale, ma a un vero e proprio atto di manipolazione, non credete? Il recente caso del film presentato da Netflix: *"Donne ai primi passi"*[12] ne è un esempio. La pellicola ha suscitato uno scandalo e le ire degli stessi abbonati[13], i quali hanno costretto il network a sostituire l'immagine del manifesto che mostrava chiaramente delle bambine di 11 anni in abiti succinti, pose provocanti e sguardi lascivi. C'è da dire che a seguito di questa polemica la stampa si è schierata a favore del film parlando di *"Opera incompresa"* ed etichettando tutte le persone che hanno protestato, come *"Moralisti bigotti che non hanno capito la pellicola"*. In realtà il film, mascherandosi da opera di denuncia sociale, si perde in lunghe riprese anche al rallenty in cui la telecamera indugia con primi piani sulle parti intime delle bambine mentre si muovono scimmiottando atti provocanti e sessuali. In uno stralcio da un articolo della giornalista Caterina Giojelli leggiamo:

"...Quelli del Sundance Film Festival, dice la regista franco-senegalese Maïmouna Doucouré, loro sì che "hanno capito": il pubblico di Park City, dove è stata insignita del World Cinema Dramatic Directing Award, ha compreso che il suo film "affronta istanze universali", che "dobbiamo proteggere i nostri figli". Gli altri, i bifolchi, quelli della "gogna internettiana" (Repubblica) che hanno boicottato il film distribuito da Netflix denunciando una ipersessualizzazione delle bambine che sconfina nella pedofilia, questi qui "o non l'hanno visto o si sono limitati davvero alla locandina. Altrimenti non l'hanno capito o l'hanno guardato con occhi sbagliati" (Avvenire)...

...Cuties – incalza la piattaforma (Netflix) dopo aver perso 9 miliardi di euro in borsa in un giorno solo a causa della campagna #cancelnetflix scatenata dalla locandina tutta minorenni, cosce aperte e abiti succinti – è un racconto sociale contro la sessualizzazione dei bambini. È un film pluripremiato", "incoraggiamo chiunque abbia a cuore questi temi così importanti a guardare il film"...

---

12 https://www.imdb.com/title/tt9196192/?ref_=fn_al_tt_1

13 https://style.corriere.it/news/cuties-netflix-boicottaggio/

...Noi l'abbiamo visto Cuties, e per vedere il mondo guardato con gli occhi di una undicenne siamo stati incoraggiati, o meglio costretti, a guardare le riprese pluripremiate del fondoschiena (ora si chiama "racconto sociale") di una piccolina che twerka (cioè muove anche, natiche e bacino, accovacciandosi e mordendosi le labbra in un modo che definire "spinto" sarebbe un eufemismo) e mima atti sessuali come neanche Miley Cyrus. Intellò e regista sostengono che le istanze universali passino da lì, dall'indugiare al rallentatore della telecamera su ogni singola forma, piega e curva acerba del corpo di una bambina che si premura innocentemente di riprodurre danze e posizioni erotiche viste su internet, perché "l'iper sessualizzazione dei bambini avviene attraverso i social media e i social media sono ovunque", "ciò che voglio è aprire gli occhi delle persone su questo argomento e cercare di risolvere il problema". A che titolo, visto che il film stesso, gli adulti che lo hanno arrangiato, non sa prescindere, anzi esaspera, la stessa iconografia e lo stesso linguaggio dei social che si picca di denunciare? ... "[14]

È una domanda lecita e la risposta la troviamo proprio nella volontà di plasmare e orientare, le opinioni del pubblico da parte di questi organismi che si servono del Social Impact Entertainment, e che ci hanno letteralmente subissato di pellicole che non si limitano a trattare le tematiche controverse di cui abbiamo parlato, ma intendono farle accettare al pubblico a prescindere. Il fatto che operazioni di propaganda di questo tipo siano svolte in modo così massiccio, ci indica chiaramente che non esiste un semplice intento educativo o di informazione che può essere attribuito alla sensibilità o alla volontà di un singolo regista, ma ci si trova davanti a una strategia manipolatoria che pervade l'intero spettro del cinema, dal film di denuncia a quello di puro intrattenimento. Una presenza totalizzante che si intromette in qualsiasi genere, dal cartone animato al film di avventura, a prescindere dall'argomento del film stesso. Solo a titolo di esempio possiamo citare il film *"The Accountant"*, un thriller d'azione dove si introduce il problema dell'autismo in America, che ha raggiunto numeri preoccupanti, in cui il protagonista, proprio grazie all'autismo, è una specie di supereroe di molto superiore ai suoi

---

[14]https://www.tempi.it/mignonnes-non-e-un-film-educativo-e-guardonismo-pret-a-penser/

simili e dove, attraverso la figura di un medico, si dice al pubblico che l'autismo è una nuova normalità e che i figli autistici sono migliori di altri[15]. O il fatto che Superman, simbolo della mascolinità nella sua accezione positiva, diventi bisex[16] (le svolte gay tra i supereroi sono ormai totalizzanti), o ancora quando, durante la visione dell'ultimo film di Star Trek (Beyond[17]), in una scena del tutto superflua che non ha nessun aggancio con la trama, scopriamo che l'iconico navigatore Ikaro Sulu (reso famoso dalla serie classica del 1968) è omosessuale e che la figlia (vista in uno Star Trek precedente) è stata quindi adottata. Per comprendere fino in fondo le pesanti implicazioni di tutto questo, basta pensare al fatto che lo Skoll Center dell'UCLA (soltanto una delle centinaia di organizzazioni di questo tipo), fu fondato nel 2014 con una donazione di 10 milioni di dollari dal miliardario Jeffrey Skoll, primo presidente di Ebay,[18] la celebre piattaforma per le aste online.

A Washington D.C., presso l'American University, si trova un'altra organizzazione simile chiamata CMSI (Center for Media & Social Impact) che riceve finanziamenti attraverso varie sovvenzioni; se diamo un'occhiata al loro sito, scopriamo che tra i benefattori figurano i nomi di: Bill Gates, La Rockfeller Foundation, la Ford Foundation.[19] Qui abbiamo le élite governative e multinazionali che utilizzano il cinema e l'intrattenimento in genere per manipolare le opinioni e le idee di milioni di persone e che, grazie ai cospicui finanziamenti, studiano di continuo nuove strategie, producono rapporti e agiscono in molteplici ambiti dell'intrattenimento. Ad esempio, il CMSI, nel 2019, ha prodotto un rapporto che analizza il valore del genere cinematografico della *"commedia"* nella mobilitazione pubblica per il cambiamento climatico. Il rapporto evidenzia il potere unico della commedia stessa e ne suggerisce l'utilizzo come strategia di mobilitazione e come espressione creativa dirompente, che

---

[15]https://ilporticodipinto.it/content/la-finestra-di-overton

[16]https://www.ilmessaggero.it/mondo/superman_bisex_innamorato_giornalista-6250579.html

[17]https://www.imdb.com/title/tt2660888/?ref_=tt_sims_tt_t_2

[18]Mark Dice – Hollywood Propaganda – (The resistance manifesto 2020)

[19]Ibidem

dovrebbe concentrarsi maggiormente sulle comunità afroamericane e sulle persone a basso reddito, che sono le più colpite dai disastri climatici. Una nota interessante del rapporto afferma: *"...Attraverso la collaborazione di co-creazione con professionisti della commedia, le organizzazioni di giustizia sociale possono abbracciare l'innovazione e la creatività che la commedia può fornire. La commedia può inserirsi nel disordine culturale; intrattiene, invita al gioco. Questo è necessario nel movimento per il clima, perché può essere complicato coinvolgere gruppi e comunità disparati..."*.[20]

La Propper Daley è un'altra agenzia di *"Impatto Sociale"* che è stata fondata da Gregg Propper e Mark Daley, stretti collaboratori di Hilary Clinton. Nel marzo del 2019, l'agenzia ha tenuto una conferenza privata con 400 scrittori, produttori e dirigenti, per discutere di come potevano usare le loro posizioni per creare un pubblico più empatico. Lo scopo era quello di fare pressione sui professionisti affinché includessero trame più pro-gay e transgender, per promuovere l'immigrazione di massa, l'aborto e altre cause della sinistra.[21]

C'è poi la GLAAD (alleanza gay e lesbiche contro la diffamazione) che fa pressioni su Hollywood affinché includa personaggi transgender e gay nelle serie televisive e nei film, mentre uno degli obiettivi dichiarati è di raggiungere la presenza di questi personaggi nel 50% delle pellicole entro il 2024[22] e di recente, Entertainment Weekly, appartenente al gruppo Time[23], ha ammesso che GLAAD sta cambiando la narrativa LGBTQ di Hollywood.

Ma c'è di più; esistono anche organizzazioni che agiscono in modo meno plateale e più sottotraccia. È il caso di *"Planned Parenthood"*[24] che in America è considerata una specie di fabbrica per gli aborti e non molti sono a conoscenza del fatto che questa organizzazione ha un dipartimento chiamato: *"Arts & Entertainment Engagement"* che si rivolge agli studi televisivi e cinematografici per sviluppare trame da

---

[20]Ibidem

[21]Forbes "The Power Of Purpose: How Propper Daley Is Driving 'Unreasonable Conversations'" by Afdhel Aziz (March 12th 2019)

[22]Mark Dice – Hollywood Propaganda – (The resistance manifesto 2020)

[23]https://it.wikipedia.org/wiki/Entertainment_Weekly

[24]https://www.plannedparenthood.org/

inserire nei film o negli spettacoli televisivi che promuovano l'aborto[25]. Si potrebbe continuare per molte pagine ma il quadro è abbastanza chiaro; c'è una esplicita volontà manipolatoria da parte di organizzazioni apparentemente indipendenti e in difesa dei diritti delle minoranze, che in realtà vengono finanziate dalla politica e dalle grandi multinazionali. È la tecnica della *"Terza Parte"* inventata da Bernays e che ho illustrato in *"Sub Limen, la tua vita è un inganno"*, che va addirittura oltre, perché arriva a servirsi di una quarta parte incarnata dal cinema e l'intrattenimento, ben consapevole delle potenzialità di questi mezzi nel fare breccia nei cervelli delle masse.

---

[25]Mark Dice – Hollywood Propaganda – (The resistance manifesto 2020)

4. Neurocinema

Archimede disse una volta: "Datemi un punto di appoggio e solleverò il mondo". Oggi ci avrebbe indicato i nostri mezzi di comunicazione elettronici dicendo: "Mi appoggerò ai vostri occhi, alle vostre orecchie, ai vostri nervi e al vostro cervello, e il mondo si sposterà al ritmo e nella direzione che sceglierò io". Ma una volta che abbiamo consegnato i nostri sensi e i nostri sistemi nervosi alle manipolazioni di coloro che cercano di trarre profitti prendendo in affitto i nostri occhi, le orecchie, i nervi e il cervello, il risultato sarà che non avremo più diritti.
(Marshall McLuhan)

Come abbiamo visto fino a qui, che il cinema abbia *"scientificamente"* la capacità di manipolare gli stati emotivi creando associazioni di idee, opinioni e valori, è un fatto risaputo fin dagli albori della settima arte; a partire dall'effetto Kuleshov[1] fino alla propaganda nazista, passando per le intuizioni di Bernays e poi di registi come Ejzenŝtejn e si potrebbe dire altrettanto anche del maestro del brivido Alfred Hitchcock, che riconoscendo a sé stesso una grande abilità nel manipolare gli spettatori affermò: *"La creazione è basata su un'esatta scienza delle reazioni del pubblico"*. Ciò che forse pochi sanno, è che da alcuni anni la capacità dei film di influenzare le emozioni e le opinioni della gente è diventata oggetto di molti studi scientifici che indagano nel campo delle neuroscienze e delle così dette *"Scienze sociali"*. Questo tipo di ricerca scientifica sta destando un interesse sempre maggiore e viene già oggi utilizzata per aiutare i registi a realizzare film di successo, come riporta ad esempio un'agenzia di Marketing: *"...La possibilità di misurare gli effetti della visione filmica sul cervello degli spettatori, fornisce un nuovo strumento teorico per l'analisi di generi e stili cinematografici ma anche una nuova metodologia di valutazione commerciale del prodotto audiovisivo in generale. Un crescente numero di società di neuro marketing ha infatti recentemente iniziato ad analizzare film per le più grandi produzioni, usando le rilevazioni cerebrali per esaminare e perfezionare elementi come sceneggiatura, fotografia, montaggio, effetti visuali e sonori, casting, fino alla ottimizzazione di trailer e campagna*

---

[1] https://en.wikipedia.org/wiki/Kuleshov_effect

mediatica, con l'esplicito scopo di aiutare la distribuzione a massimizzare il profitto..."[2] (questa almeno, è la facciata dal sapore innocuo che si vuole trasmettere).

Per questo tipo di ricerche è stato coniato il termine: "Neurocinema". Si tratta di studi mirati che hanno iniziato a comparire negli anni 2000 e come possiamo leggere da wikipedia: *"...Il neurocinema o neurocinematica, è il modo in cui guardare film o scene particolari di film influenzano il nostro cervello e la risposta che il cervello umano dà a qualsiasi film o scena. Il termine neurocinema deriva dai neurologi, che stanno studiando quali parti di un film possano avere il maggior controllo sul cervello di uno spettatore. Questi studi sono condotti con spettatori a cui vengono proiettati film mentre vengono monitorati in fMRI (Risonanza Magnetica Ndr) macchine che mappano l'attività del cervello..."*[3]

La stessa agenzia *"Brain2market"* afferma che: *"...Recentemente, anche Brain2Market ha avviato un filone di ricerca in Neurocinema, focalizzato sull'analisi della reazione agli stimoli filmici mediante Eye Tracker, caschetto EEG/EMG e sensori GSR e PPG, per l'investigazione di alcune variabili tecnico-filmiche, in particolare: Neuro Editing e ottimizzazione trailer/spot commerciali, rappresentazione della figura umana reale e sintetica, visione stereoscopica 3D e profondità di campo, attenzione selettiva e perceptual blindness, scenografia e product placement..."*

Come si può facilmente immaginare, un interesse nel valutare le reazioni del cervello alle opere filmiche, così importante da scomodare la ricerca neurologica con tutto ciò che comporta in termini di costi, macchinari e tempo, ha delle implicazioni profonde che non possono essere ignorate. Ogni nuova conoscenza acquisita è un'arma in più per manipolare il cervello dello spettatore che assiste al film.

Il regista James Cameron, pluripremiato agli oscar con successi come *"Titanic"*, ha detto alla rivista *"Variety"* che durante la realizzazione del suo ultimo incredibile successo *"Avatar"*, uno studio di risonanza magnetica funzionale sull'attività cerebrale, ha mostrato che ci sono più neuroni attivamente impegnati nell'elaborazione di un film 3D

---

[2]http://www.brain2market.com/theblog/2016/10/04/neurocinema-la-settima-ar-te-diventa-scienza/

[3]https://en.wikipedia.org/wiki/Neurocinema

rispetto allo stesso film visto in 2-D[4]. Non è infatti un caso se un macchinario simile a uno scanner (quello in cui entrano i protagonisti per collegarsi ai loro avatar), svolga un ruolo di primo piano; il film in effetti esplora la possibilità di collegare il nostro cervello a una macchina e la società di neuromarketing *"MindSign"* è rimasta talmente entusiasta del riferimento usato da Cameron, che gli ha offerto servizi dimostrativi (gratuiti) tra cui scansioni cerebrali fMRI di soggetti esposti al trailer di Avatar[5].

È interessante notare che alcuni studi cinematografici negano di utilizzare queste ricerche o addirittura di conoscerle, anche se, il co-fondatore di MindSign, Philip Carlsen, pensa che il lato commerciale di Hollywood sia entusiasta del potenziale del neurocinema affermando che: *"I produttori lo adorano"*[6]. Nel frattempo, agenzie come la *"Neurofocus"* offrono già strategie per vendere meglio i prodotti nei film: *"...l'integrazione del prodotto", misurata per individuare i momenti di massima attenzione, coinvolgimento emotivo e movimento della memoria. Prodotti e servizi vengono quindi integrati nel film in questi punti precisi di massimo impegno neurologico..."*[7].

Abdorreza Naser Moghadasi dell'Università delle scienze mediche di Tehran, ha realizzato uno studio sul neurocinema che riassume così: *"...Il cinema è un'arte multidimensionale in grado di influenzare la nostra struttura neurofisiologica in modi diversi. Gli studi dimostrano che diverse parti del cervello vengono attivate durante la visione di un film strutturato e, di conseguenza, il film imita la struttura della coscienza. Questa imitazione della struttura della coscienza consente al cinema di influenzare profondamente il cervello. L'effetto e le sue modalità sono i temi principali della nuova scienza del neurocinema..."*[8]

*T*utto questo pone degli interrogativi inquietanti; già sappiamo che la manipolazione nel cinema e nei film ad alto budget è subdola e

---

[4]https://www.fastcompany.com/1731055/rise-neurocinema-how-hollywood-studios-harness-your-brainwaves-win-oscars

[5]Ibidem

[6]Ibidem

[7]Ibidem

[8]https://www.researchgate.net/publication/285426031_Neurocinema_A_brief_overview

46

invisibile perché altrimenti non funzionerebbe. Esattamente come accade per l'illusionista, il pubblico non deve vedere il trucco né capire in quale momento l'artista lo sta attuando, perché crollerebbe l'intera impalcatura fondata sulla credibilità. Ma se già ci troviamo per le mani una perfetta macchina capace di creare idee e opinioni, quali altre frontiere possono aprire le moderne ricerche neurologiche? Ogni nuova tecnologia e ricerca sembra sempre finalizzata a ottenere un maggiore controllo sulle masse. Il pericolo nascosto dietro all'innocente *"intrattenimento"* è sempre lo stesso: stiamo progressivamente perdendo i nostri diritti e anche la nostra indipendenza di pensiero.

5. L'anomalia Kubrick

I mezzi di comunicazione di massa, la stampa, la radio hanno portato all'asservimento di corpi ed anime ad un'autorità strategica mondiale. E in ciò sta la principale fonte di pericolo per l'umanità. Le moderne democrazie mascherano regimi tirannici; utilizzano i mezzi di comunicazione di massa come strumenti di disinformazione e di stravolgimento delle coscienze degli uomini.
(Albert Einstein)

Facciamo una pausa in questa narrazione sul cinema impregnato di propaganda esplicita, ma anche subliminale, perché è il momento di segnalare qualcosa che nell'universo hollywoodiano rappresenta una vera anomalia. Sto parlando della filmografia di Stanley Kubrick, considerato il più grande maestro del cinema contemporaneo e i cui film sembrano essere stati immuni da ogni pressione sia governativa che delle varie associazioni che operano in questo senso. In realtà, pressioni e accordi ci sarebbero stati, ma da un certo punto in poi, Kubrick ottenne un contratto esclusivo con la Warner Bros, che gli garantiva il totale e completo controllo creativo e artistico sulle sue pellicole; non era nemmeno obbligato a rispettare i tempi previsti per l'uscita dei suoi film, mettendo spesso nei guai la compagnia. Un'autonomia che gli permetteva anche di ritirare un film dalla distribuzione, come fece in Inghilterra per *"Arancia meccanica"*, danneggiando la Warner Bros e che rappresenta un caso più unico che raro nella storia del cinema. Molti si sono chiesti come abbia fatto il regista a strappare un contratto simile a uno dei più importanti colossi di Hollywood. Certo, i suoi film sono capolavori assoluti, sono sempre stati dei successi al botteghino (tranne uno, *"Barry Lyndon"* che è comunque successivo a questo contratto), ma ipotecare il futuro a questo modo non è certo prudente, e non rappresenta di sicuro la politica o la consuetudine per uno studio di produzione di tali dimensioni e potere. A questo proposito circola una teoria del complotto: c'è chi è convinto che Kubrick sia entrato in stretto contatto con gli ambienti governativi, i quali lo avrebbero avvicinato per reclutarlo come regista del finto sbarco lunare; la teoria cioè che dipinge lo sbarco sulla luna come

la più grande truffa perpetrata ai danni del mondo intero. Grazie a questo servizio reso dal regista, in cambio avrebbe ottenuto la piena autonomia sui suoi successivi film. Ora non è questa la sede per parlare della presunta frode lunare e per chi fosse interessato a farsi un'idea sull'argomento (che è sufficientemente complesso da non poter essere bollato come semplice stupidaggine), consiglio la visione del documentario di Massimo Mazzucco: *"American Moon"*[1], che grazie a una ricerca storica molto accurata, permette di comprendere le ragioni dei dubbi che ruotano attorno all'intera operazione. Resta il fatto che Stanley Kubrick, è stato forse l'unico regista che ha utilizzato i diversi generi cinematografici, guerra, fantascienza, thriller, horror, etc. per parlare sempre dello stesso argomento: le dinamiche del potere rappresentato come un'entità invisibile ma sempre presente, pervasiva e dominante; sovrastante gli stessi uomini che lo esercitano e che alla fine sono dei meri servitori o burattini di altri, il cui volto non è mai ben definito perché si tratta di un *"sistema"*. I suoi film, amati dal pubblico ma spesso criptici e interpretabili a diversi livelli, risultano decisamente scomodi al sistema degli studios e al potere governativo e l'unico motivo per cui ha potuto realizzarli con una certa tranquillità, risiede probabilmente nella sua straordinaria abilità di mascherarne il significato ai più. Le sue pellicole sono state correttamente interpretate a distanza di anni e tutt'oggi, molte delle sue opere continuano a far discutere. Kubrick, inoltre, ha utilizzato spesso le tecniche subliminali nei suoi film e un suo coinvolgimento nella storia dello sbarco lunare, sembra davvero esserci stato, così come la sua preoccupazione (che alcuni attribuiscono al fatto che si fosse compromesso con gli ambienti governativi e del potere), che lo portò progressivamente a manifestare segni di paranoia. Preoccupazione che lo portò a isolarsi e a girare il suo film sul Vietnam (Full metal Jacket Ndr) nel parco della sua residenza, dove ricostruì i set e gli ambienti di quel lontano paese. Ma proviamo a conoscere un po' meglio il personaggio e le curiose stranezze che ruotano attorno a certi episodi della sua vita.
Per prima cosa è interessante notare il tentativo, da parte di personaggi ambigui, di costruire finte prove del coinvolgimento di Kubrick nei presunti finti allunaggi. Pratica che assomiglia a un tranello rivolto

[1]https://www.imdb.com/title/tt7794734/?ref_=fn_al_tt_1

a un pubblico più superficiale. Queste ipotetiche *"prove"*, sembrano costruite appositamente per fare in modo che, successivamente, i più smaliziati si accorgano dell'inganno bollando così tutta la faccenda come un'idiozia adatta soltanto ai più creduloni. Nel dicembre del 2015, ad esempio, compare un articolo e un video in cui si sostiene che un regista (sconosciuto), tale T. Patrick Murray, aveva intervistato Kubrick pochi giorni prima della sua morte. In questa esclusiva intervista, il regista confessava di essere il responsabile dei filmati del finto sbarco lunare, asserendo che era stato un enorme inganno perpetrato dalla Nasa e dal governo americano. Secondo l'articolo, Murray aveva firmato un accordo per non rendere pubblica l'intervista prima di 15 anni dalla morte di Kubrick. Ovviamente, sia l'articolo che il filmato fecero in breve il giro della rete e del mondo intero. Moltissimi sostenitori del complotto lunare, esultarono senza riflettere sul fatto che quella intervista era fasulla e l'uomo ripreso non era certo Stanley Kubrick, ma un attore che lo impersonava.[2] Il personaggio viene infatti volutamente inquadrato tagliando la parte superiore e inferiore del volto con una singola illuminazione che proviene da un lato, lasciando quindi il lato opposto sempre in ombra. Kubrick non avrebbe mai approvato un'intervista girata in quei termini, non si sarebbe mai espresso a quel modo e avrebbe preteso un controllo capillare su ogni singolo aspetto. La sola idea che potesse accettare la promessa di uno sconosciuto di non farla uscire fino a 15 anni dalla sua morte è ridicola. Il regista non avrebbe mai permesso di non avere in mano ogni opzione su un documento simile. Ma questo non è l'unico curioso episodio in cui si è cercato di screditare il falso allunaggio e la presunta partecipazione di Kubrick all'operazione; c'è un precedente nel mockumentary[3] *"Opération lune"*[4] (2002) di William Karel. In questo finto documentario, realizzato con abili tecniche di montaggio, viene creata l'illusione che personaggi politici famosi, come ad esempio l'ex ministro della difesa americano Donald Rumsfeld e Henry Kissinger, parlino tra loro del finto allunaggio alludendo al

---

[2] https://www.youtube.com/watch?v=btnzu4Li0zg

[3] Un mokumentary è un falso documentario costruito per sembrare vero e si tratta di un genere molto in voga nel cinema e nella fiction

[4] http://www.imdb.com/title/tt0344160/?ref_=nm_flmg_dr_17

fatto che lo avrebbe realizzato Stanley Kubrick. Il documentario è un'abile opera di manipolazione in molte direzioni; ad esempio, ad un certo punto viene intervistato un presunto ex agente del KGB russo che si chiama: *"Dimitri Muffley"*; allo spettatore poco attento la cosa può scivolare via, ma basta che uno conosca la filmografia del regista per capire subito che questo nome, del tutto fittizio, è composto dai nomi di due personaggi del film: *"Il dottor Stranamore"*[5] (dello stesso Kubrick). Nella pellicola, infatti, Dimitri è il presidente russo, mentre Muffley è quello americano. Un altro personaggio intervistato, che avrebbe dovuto essere un collaboratore di Kubrick, si chiama: *"Jack Torrance"* come il personaggio interpretato da Jack Nicholson nel film di Kubrick: *"Shining"*[6].

Come fa giustamente notare il regista Massimo Mazzucco:

"...Ma è solo collocando ogni scena nella struttura complessiva del documentario che ci si può rendere conto della feroce ambiguità del lavoro di Karel. Il documentario, infatti, è diviso in tre parti, che non sono espressamente indicate, ma si possono percepire dal diverso taglio stilistico che adottano: la prima parte, a taglio storico, descrive in modo credibile i motivi che avrebbero portato gli americani alla necessità di falsificare i viaggi lunari. La competizione con i russi, soprattutto, con il conseguente ruolo di leader nel mondo ricercato da ambedue le nazioni. La seconda parte, con taglio da reportage "scandalistico", ci rivela i retroscena che avrebbero portato a decidere di interpellare Kubrick, per chiedergli di "falsificare" le immagini lunari nel suo studio in Inghilterra. A raccontarlo sono personaggi di primissimo piano come Henry Kissinger, Donald Rumsfeld, Lawrence Eagleburger, Alexander Haig, e l'ex-direttore della CIA Richard Helms. Tutti costoro partecipano ad una riunione, filmata da Karel, a cui è presente anche la ex-segretaria di Nixon, che fornisce i dettagli e completa la ricostruzione. Ne emerge che la NASA non fosse sicura di poter mandare a terra le immagini in diretta dell'allunaggio, e che di fronte a questo rischio Nixon abbia preteso a tutti i costi una garanzia alternativa. Fu così che Rumsfeld e Kissinger - dicono sempre i vari personaggi – partirono alla volta di Londra, per convincere il famoso regista ad aiutarli. Ma Kubrick - che aveva finito da poco le riprese di

---

[5]https://www.imdb.com/title/tt0057012/?ref_=fn_al_tt_1

[6]https://www.imdb.com/title/tt0081505/?ref_=fn_al_tt_1

"2001 Odissea nello Spazio" – inizialmente si rifiutò, e solo dopo lunghe insistenze acconsentì a "prestare" i suoi set agli uomini della CIA, che li avrebbero usati per girare il falso allunaggio. A questo punto il racconto passa alla moglie stessa di Kubrick (intervistata in Inghilterra, a casa sua), che rivela come Stanley, "che ere un perfezionista", sia rimasto talmente disgustato dalla qualità del lavoro della CIA, che si offrì di prendere personalmente in mano la produzione di quei filmati. Fu così che Stanley Kubrick, secondo il documentario di Karel, realizzò i falsi filmati lunari. A questo punto del racconto però molti hanno già capito che si tratta di una parodia, e anche i meno attenti non possono non aver provato un certo stupore nel sentirsi raccontare una storia del genere da gente di quel calibro..."

"...Il regista ha preso delle interviste separate, e ne ha estratto e cucito con sapienza frammenti diversi da frasi diverse, creando una realtà che non è mai esistita. Se infatti si riguarda il filmato in quest'ottica, ci si accorge che ogni frase pronunciata può essere riferita a mille cose diverse. È solo la premessa che costoro "si siano riuniti per decidere di interpellare Kubrick", sapientemente inoculata nel nostro cervello prima di assistere alla scena, a farcela leggere in quel modo. La cosa folle è che qualcuno potrebbe in seguito sostenere che "furono Rumsfeld e Kissinger a volere i falsi lunari da Kubrick", e di fronte alle prevedibili obiezioni direbbe convinto: "Te lo giuro, li ho visti con i miei occhi e sentiti con le mie orecchie, mentre lo raccontavano!". Tale è il potere dell'immagine, specialmente se il cervello viene usato come amplificatore della suggestione, e non come filtro a protezione dalla medesima. La terza parte del documentario racconta come i componenti della troupe di Kubrick che girarono i falsi allunaggi siano stati poi eliminati dalla CIA, uno per uno, per garantire al meglio la protezione di un segreto così importante. Tutto ciò è raccontato dallo stesso ex-direttore della CIA Richard Helms, e denuncia chiaramente come il vero ruolo del terzo segmento sia quello di confondere le acque, dopo aver portato a termine con successo, nel secondo, la missione principale. Mentre infatti lo spettatore medio si perde nei fumi della fiction di serie B, quello più attento si ritrova a domandarsi come mai lo stesso direttore della CIA denunci con tale disinvoltura una lunga serie di omicidi commessi dai suoi agenti, senza alcun bisogno di farlo...".

Abbiamo dunque dei prodotti di propaganda che in tempi diversi tornano sulla questione di Kubrick e del suo coinvolgimento nel presunto falso allunaggio con lo scopo di screditare tutta la faccenda: ma perché? Se il coinvolgimento di Stanley Kubrick in questa ipotetica truffa facesse parte di una leggenda metropolitana, per quale motivo investire risorse e denaro per creare ambigui prodotti di propaganda, che hanno appunto lo scopo di gettare discredito sull'intera storia facendo abboccare gli spettatori più sprovveduti o poco attenti e usandoli quindi come scusa per dire che si tratta di leggende?

Forse la risposta a questa domanda è riconducibile all'uomo che per primo legò il famoso regista al finto sbarco lunare. Si tratta dello scrittore Bill Kaysing che ne parlò nel suo saggio: *"Non siamo mai andati sulla luna"* pubblicato nel 1976[7]

Cerchiamo allora di capire qualcosa in più della personalità di Stanley Kubrick.

Non basterebbe un volume per dipingere un personaggio tanto complesso e sappiamo che di libri su di lui, accurati o meno, ne sono stati scritti a bizzeffe; possiamo però tracciare un quadro veloce con alcuni tratti basilari e universalmente riconosciuti che aiutino a capire il peso di questo artista. Kubrick possedeva certamente un quoziente intellettivo superiore, anche se non è detto che fosse pari a 200 come alcune voci di corridoio vorrebbero sostenere. Era una persona dai molteplici interessi, con una forte propensione alla conoscenza. Approfondiva ogni informazione o dato reputasse rilevante e interessante, al punto che prima dell'era informatica e di Internet, aveva progettato un sofisticato sistema per archiviare tutto ciò che recuperava dalle sue ricerche. L'archivio Kubrick, gestito oggi dalla famiglia, è immenso e le cose che vengono rilasciate a suo nome (per il momento si tratta più che altro di fotografie), rappresentano un'infinitesima parte di un vasto mondo al quale sicuramente non avremo mai accesso. Kubrick era anche un abile stratega, aveva approfondito varie tematiche come la psicologia e i messaggi subliminali; era interessato alla comprensione degli schemi che muovono le persone e alla natura umana, aveva un'autentica passione per il gioco degli scacchi che si preoccupava di insegnare a quante più

---

[7]https://www.hoepli.it/libro/non-siamo-mai-andati-sulla   luna/9788887179002.html

persone poteva, sfidando sui suoi set attori e tecnici. Sono molto noti, ad esempio, gli aneddoti che riguardavano le sue sfide con l'attore George C. Scott sul set del *"Dr. Stranamore"* in cui, ricordano alcuni tecnici, Scott ne usciva sempre sconfitto e ipnotizzato, rendendo la sua prova attoriale particolarmente ispirata. Altra sua caratteristica, erano le pressioni psicologiche e la manipolazione utilizzata ai danni dell'attrice Shelley Duvall sul set di *"Shining"*, che risultò molto provata ma anche particolarmente intensa nella sua prova attoriale. Un aneddoto riportato dal biografo John Baxter[8] sulla gioventù del regista alle prese con il colossal *"Spartacus"* dà la misura del personaggio:

"...È il 1959... sul crinale afoso di una collina della San Fernando Valley nella California del Sud... trecento comparse, vestite di ruvido tessuto marrone, sono sparse su un pendio erboso sotto il sole cocente. Ognuno di loro regge un cartello con un numero. Nessuno ha l'aria felice. Da una torretta di tavole e impalcature metalliche alta dodici metri, un giovanotto in pantaloni di cotone stropicciati, camicia bianca col collo sbottonato e sandali, con capelli neri e folte sopracciglia, una Camel fumante fra le dita, osserva la scena. Nell'accento monocorde del Bronx bisbiglia qualcosa al suo assistente, che prende un microfono.

La sua voce tuona: "Numero 23. Spostati a sinistra. Numero 104 – Contorciti!" Il 104 non si muove.

"George", dice il subalterno "Stanley vuole che il 104 si contorca". L'assistente alla regia si fa strada fra la folla e poi ritorna sui suoi passi. "È un manichino!" Urla verso la torretta.

Il volto del regista resta impassibile. Bisbiglia qualcosa all'assistente. "Stanley dice di metterci dei fili e di farlo contorcere".

A 32 anni, Stanley Kubrick è la persona più giovane ad aver mai diretto un film epico hollywoodiano. Kirk Douglas, star e produttore esecutivo del film, glielo ha affidato dopo aver licenziato il più anziano e meno malleabile Anthony Mann alla fine della prima settimana di riprese. Con un solo week-end di preavviso, Kubrick, conosciuto per un poliziesco a basso costo, Rapina a mano armata, e per un film drammatico sulla Prima Guerra Mondiale, Orizzonti di gloria, si è improvvisamente trovato a capo di un'impresa da 12 milioni di dollari... se la mancanza d'esperienza lo intimidisce, Kubrick non lo dà per niente a vedere. Ha

---

[8]Stanley Kubrick, la biografia – John Baxter – Lindau 2006

già licenziato la protagonista femminile e fatto infuriare Kirk Douglas imponendo al film il suo ritmo. La star prova un senso di sconforto per aver assunto l'uomo sbagliato. Aveva sperato di trovare un ragazzino da manovrare a piacere, si è invece ritrovato un film-maker dalla volontà di ferro... lo sceneggiatore Dalton Trumbo, il cui nome finì sulla Lista Nera per le sue simpatie comuniste e venne proibito nei credit, ha calcolato di aver scritto 250.000 parole per questo film. Una delle prime cose che Kubrick ha fatto è stato di tagliarne alcune — per essere più precisi nella prima mezz'ora di film ha tagliato tutte le battute di Douglas tranne due. Dopo una riunione sulla sceneggiatura viene sollevata la questione di chi debba apparire sullo schermo come sceneggiatore. Sia Douglas che la Universal Pictures sono riluttanti a citare Trumbo e attirare le ire della destra.

"Usate il mio nome" suggerisce improvvisamente Kubrick.

"Stanley" dice Douglas dopo aver lanciato uno sguardo esplicito al produttore Eddie Lewis "non ti sentiresti imbarazzato a mettere il tuo nome su una sceneggiatura scritta da qualcun altro?".

"No", risponde Kubrick — con la stessa impassibilità che avrebbe mostrato se Douglas avesse seguito il suo suggerimento. Kubrick ha un fondo di sicurezza di sé e di ostinazione da far invidia a un generale, a un presidente, a un imperatore, persino a un messia. È incapace di provare imbarazzo. Se mai ha sofferto di tale debolezza, ha imparato da tempo a sbarazzarsene... il direttore della fotografia assegnato al film è Russell Metty, cinquantatré anni di cui venti passati a Hollywood. Ha girato Lo straniero e L'infernale Quinlan per Orson Welles, Susanna per Howard Hawks, ma anche qualsiasi altro film gli sia stato affidato... Metty è abituato a registi che gli spiegano quello che vogliono per una particolare scena, dopodiché lui brontola "OK. Vai a sederti", e mette la sua troupe al lavoro per piazzare le luci. Mal sopporta che il giovane regista si appropri della sua autorità e che dia indicazioni così specifiche su obiettivi e luci. Gli anni passati da Kubrick a fare il fotoreporter per la rivista "Look" non sono stati sprecati".

Dopo che Metty ha illuminato una scena con Herbert Lom... Kubrick guarda in macchina e gli dice: "Non riesco a vedere le facce degli attori". Metty furioso, scalcia un piccolo proiettore vicino alla sua sedia facendolo rotolare in campo. "Adesso c'è abbastanza luce?" Ringhia lui.

"Adesso c'è troppa luce" risponde Kubrick imperturbabile... il fotografo Woodfield ricorda: Pare che Metty fosse andato da Ed Muhl e gli avesse detto: "Io me ne vado" Muhl rispose: "Non puoi andartene. Sei sotto contratto".
"Allora lasciatemi fare il mio lavoro".
E Stanley disse: "Puoi fare il tuo lavoro standotene seduto sulla tua sedia e zitto. Sarò io il direttore della fotografia" ...Da quel giorno Metty non fece più nulla. Stanley diceva alla troupe quello che dovevano fare, loro guardavano Metty e Metty faceva un cenno di assenso. Stanley illuminò il film – e Metty vinse l'Oscar!..."

Foto 6

Kubrick detestava il materiale, le star e le richieste dei dirigenti della produzione, ma sapeva che *"Spartacus"* era importante per lanciare definitivamente la sua carriera e infatti il regista con questo film si trovò catapultato negli ambienti che contano; indicativa l'immagine

---

[9]John Baxter: Stanley Kubrick la biografia – Lindau 1999

56

che lo ritrae con la principessa Margaret alla premiere di *"Spartacus"*, che incontrerà nuovamente alle feste tenute da Peter Sellers.

Come abbiamo detto in precedenza, per quanto ogni suo film sia leggibile a diversi livelli, tutte le pellicole sono collegate da un comune denominatore che curiosamente la critica non ha mai notato nelle sue analisi, se non in una forma più superficiale che ha trovato tutti concordi nel definire i suoi film come delle rappresentazioni pessimistiche della natura umana. In realtà il filo conduttore che accomuna tutti i film del regista, è ben definito e si sviluppa in modo sempre più circostanziato e preciso ad ogni pellicola successiva. Kubrick nei suoi film descrive la violenza del potere come istituzione, illustra le dinamiche coercitive del *"sistema"* e parla dell'impero americano, sottolineandone l'origine massonica e la natura fascista; lo fa con una consapevolezza che la gente comune, critica compresa, fino a pochi anni fa non comprendeva fino in fondo perché sprovvista delle conoscenze e delle basi che oggi, grazie a Internet, si sono diffuse a tutti i livelli. *"Eyes Wide Shut"*, il suo ultimo film (che Kubrick considerava il suo miglior film), è il più esplicito nel mostrare la natura e il funzionamento del potere e dell'impero americano, ma la sua uscita è arrivata ancora una volta in anticipo sui tempi, risultando incomprensibile a tutti nel mostrare realtà che la massa, ma anche molti intellettuali, avrebbero ignorato per qualche anno ancora. Soltanto di recente alcune persone, tra cui studiosi e ricercatori, hanno potuto comprendere il film che alla luce delle nuove conoscenze che si sono diffuse nella rete post 11 settembre, è diventato improvvisamente chiaro e comprensibile[10].

Kubrick, quindi, da una parte frequenta gli ambienti giusti, coltiva contatti importanti, si costruisce una solida reputazione; ma dall'altra è chiaramente un personaggio scomodo per quegli stessi ambienti perché con i suoi film mostra il vero volto di quella società che si cela dietro alla facciata perbenista, civile, elitaria che tutti chiamano: *"Civiltà occidentale"*. Il suo film: *"Orizzonti di gloria"* del 1957, fu censurato nella liberale Francia fino al 1975 e in Spagna venne distribuito soltanto nel 1986[11].

Con questi precedenti, data la vena antimilitarista, polemica e

---

[10]http://www.giusepperausa.it/eyes_wide_shut.html

[11]https://it.wikipedia.org/wiki/Orizzonti_di_gloria_%28film%29

antipatriottica del regista, l'aviazione militare americana rifiutò il suo appoggio quando Kubrick si mise a girare *"Il dottor Stranamore"* uscito nel 1964. Già in questo contesto si notano delle stranezze riguardanti i rapporti di Kubrick con ambienti importanti; il rifiuto dell'aviazione di cooperare al film concedendo l'accesso a uno dei suoi aerei, costringe infatti Kubrick a doversi arrangiare nel riprodurre gli abitacoli del bombardiere strategico B52, che è il protagonista della pellicola. Kubrick si serve del genio dello scenografo Ken Adam (che aveva notato per le scenografie realizzate per la prima avventura di 007) che è anche un ex pilota. Durante la guerra, Adam era fuggito dalla Germania nazista e aveva riparato in Inghilterra dove si era arruolato nell'aviazione da caccia. Adam procura a Kubrick delle riviste militari in cui si vede nel dettaglio il B52, ma riesce a fare molto di più: in qualche modo, con i suoi collaboratori, riesce ad avere accesso a un bombardiere al punto da riprodurne gli interni in ogni minimo dettaglio. Nel frattempo, la notizia delle intenzioni satiriche di Kubrick riguardo a un film sul rischio di una guerra atomica, raggiunse il Governo degli Stati Uniti che espresse la propria preoccupazione alla Columbia, che a sua volta, tramite il produttore esecutivo designato al controllo della produzione, Mo Rothman, fece pressione informando Kubrick che a New York non vedevano nulla di buffo in una guerra atomica[12].

Chi invita i vertici dell'aviazione a visitare i set? Un Kubrick in cerca di vendetta? Non si sa, ma comunque una rappresentanza dell'aviazione visita effettivamente i set rimanendo sbalordita e profondamente preoccupata; oltre a essere realistici aldilà di ogni previsione, infatti, gli interni del B52 mostrano il congegno CRM di sgancio delle bombe atomiche basato su codici cifrati e considerato all'epoca un segreto militare. Kubrick, anch'esso stupito da quanto era stato in grado di riprodurre Adam gli disse: *"Farai meglio a scoprire da dove hai ricavato i tuoi dati perché potremmo essere interrogati"*. Fu infatti avviata un'investigazione dell'FBI ai danni di Adam, del suo staff e su Stanley Kubrick[13].

Il pentagono alla fine ebbe l'ultima parola obbligando la Columbia

---

[12]John Baxter Op. Citata

[13]http://www.imdb.com/title/tt0057012/trivia?item=tr0748941

ad aggiungere un cartello all'inizio del film, con una dichiarazione che riportava il punto di vista ufficiale del governo degli Stati Uniti. L'avviso sosteneva che i controlli e i sistemi antierrore o guasto non rendevano possibili eventualità del genere.

Infine, anche se diversi critici lodarono il film che si rivelò un successo, c'è da segnalare che Bosley Crowter sul New York Times scrisse: *"Mi disturba la sensazione che percorre l'intero film, di discredito per tutte le nostre gerarchie militari"*. Il Washington Post concordava: *"Nessun comunista avrebbe potuto sognare un film di propaganda anti-americana all'estero più efficace di questo"*[14].

Fu più o meno in questo periodo che Kubrick decise di trasferirsi in Inghilterra, acquistando una grande casa a 22 km da Londra, caratterizzata da un alto muro di cinta, una facciata insignificante, ma sul retro una vista fantastica su una valle boscosa e molti campi aperti. Come fecero notare alcuni: non era la casa di qualcuno che avesse deciso di inaugurare una nuova vita, piuttosto quella di una persona in cerca di sicurezza[15].

Arriviamo ora alla questione lunare e ai curiosi e solidi contatti di Kubrick con gli ambienti che contano: la produzione di "2001 Odissea nello spazio" inizia nel 1964, quando il programma Apollo è entrato nel vivo trasformando l'industria spaziale americana che vede lievitare i finanziamenti da 500 milioni di dollari del 1960 ai 5,2 miliardi nel 1965[16]. Come abbiamo detto, il primo a mettere Kubrick in relazione con i finti allunaggi è Bill Kaysing nel suo libro: *"Non siamo mai andati sulla luna"*. Kaysing, nel suo saggio, elenca le numerose aziende (un elenco impressionante), legate al programma Apollo della Nasa, che hanno contribuito contemporaneamente alla realizzazione del film *"2001 Odissea nello spazio"*. La pellicola, distribuita nel 1968 è ancora oggi impressionante in quanto a effetti speciali, design e tecnologia; nessun film fantascientifico dell'epoca è minimamente paragonabile all'opera di Kubrick, perché non esisteva nell'immaginario dei registi e degli scenografi dell'epoca, nessun concetto tecnologico e architettonico simile a quello mostrato: I film

---

[14] John Baxter Op. Citata

[15] Ibidem

[16] https://it.wikipedia.org/wiki/Programma_apollo

contemporanei di fantascienza come ad esempio: *"Il fango verde"* del 1968[17] sono legati a concetti familiari per quel tipo di pellicole come i vecchi manometri a lancette per la strumentazione delle astronavi. Ma anche lanciando uno sguardo ai film più innovativi che rappresentano i computers come tecnologia di guida delle astronavi, in quanto a design, gli scenografi fanno scelte creative ma molto astratte. Nessuno, all'epoca, progettava delle cabine di pilotaggio piene di monitor che proiettano dati in tempo reale e visualizzano grafiche 3D gestite dal computer di bordo e che, rimandano un senso di realismo che avremmo conosciuto soltanto in tempi recenti. Allo stesso modo, nessuno poteva immagine tecnologie simili all'ipad[18] (se non il colosso IBM coinvolto sia nel film che nel Programma Apollo). Nella pellicola vediamo anche rappresentato, con largo anticipo sui tempi, il concetto del moderno *"Space Shuttle"*[19] in un veicolo molto simile gestito dalla compagnia aerea Panam. La tecnologia, il design e gli effetti mostrati da Kubrick non compariranno più in altri film successivi fino all'arrivo di Alien nel 1979.

"2001 Odissea nello spazio" è certamente un prodotto propagandistico di incredibile efficacia per la Nasa; ha la capacità di galvanizzare il pubblico con tematiche profonde e con un trip visivo ed emotivo di enorme potenza. L'impatto psicologico della pellicola è probabilmente la migliore preparazione che il pubblico poteva ricevere per l'impresa lunare che andrà in scena in diretta l'anno successivo.

Eppure, a distanza di molti anni, i più attenti osservatori noteranno tutta una serie di messaggi celati nel film in cui il regista sembra volerci rivelare la falsità dell'impresa lunare. C'è da notare, infatti, che la maniacale accuratezza di Kubrick nel riprodurre fedelmente la vita nello spazio, come ad esempio la mancanza di gravità e le difficoltà che essa porta a bordo delle astronavi; viene improvvisamente a mancare sulle sequenze ambientate sulla luna. Quando i personaggi si trovano sulla base lunare, o quando gli astronauti camminano sulla sua superficie, o ancora quando volano in piccole astronavi sorvolando

---

[17]https://www.imdb.com/title/tt0064393/?ref_=fn_al_tt_1

[18]http://www.ibtimes.com/ipad-design-appears-kubricks-1968-movie-2001-space-odyssey-samsung-tells-court-304146?rel=rel2

[19]https://it.wikipedia.org/wiki/Space_Shuttle

a bassa quota il satellite, la gravità è inspiegabilmente sempre presente, come a sottolineare la diversità dell'ambiente lunare, un ambiente cioè più simile a quello terrestre (non bisogna sottovalutare l'accuratezza cercata da Kubrick; 2001 è l'unico film di fantascienza dove, nelle sequenze ambientate nello spazio, c'è assenza di rumore come nella realtà). La mancanza di gravità ritorna successivamente quando osserviamo il viaggio verso Giove. Tutta la parte ambientata sulla Luna sembra voler evidenziare una finzione; anche nel momento in cui si vede l'astronave (che ricorda il LEM dell'Apollo) in fase di atterraggio sulla base lunare, è presente una sequenza panoramica in cui la scena è fotografata da un astronauta in primo piano che si trova all'esterno muovendosi in piena gravità sul suolo lunare. Un ammiccamento al fatto che l'atterraggio è una sequenza teatrale, al quale assistono testimoni posizionati sulla Luna (Terra?), che fotografano la scena e non subiscono gli effetti dell'assenza di gravità, che sono invece presenti a bordo del LEM, come chiaramente mostrato durante il viaggio di quell'astronave fino alla Luna? A bordo dello Shuttle che si dirige alla stazione orbitale e a bordo del LEM che si dirige sulla Luna, è tutto ripreso sottolineando questo aspetto e viene perfino mostrata una toilette con complicate istruzioni d'uso per l'assenza di gravità. L'unico altro luogo in cui è presente la gravità, è la stazione orbitale, ma qui, è giustificata dalla sua veloce rotazione tesa a simularla, altro aspetto questo, che viene sottolineato nel film. In controtendenza, le sequenze ambientate sulla Luna, non trovano alcuna giustificazione plausibile, come se il regista, si fosse improvvisamente dimenticato di mantenere la sua coerenza e accuratezza. Il dottor Floyd, nel film, accenna a operazioni segrete sulla superficie della Luna sia agli amici russi che incontra nella stazione spaziale, sia alla riunione nella base lunare Clavius (nel film il tutto è riportato alla scoperta del monolite). Gli stessi ambienti hanno spesso l'aspetto di sale cinematografiche; la sala delle riunioni mostra delle pareti bianche del tutto simili a uno schermo cinematografico con delle tende nere ai lati. Dappertutto sono disseminati dettagli che fanno pensare a un teatro, un luogo dove si svolge la finzione. Quando un team di persone, tre astronauti per la precisione, parte per raggiungere il luogo della scoperta, cioè l'area in cui è stato rinvenuto il monolite, nel segmento in cui si trovano a bordo dell'astronave, c'è una condizione di piena gravità e gli uomini possono comodamente bere con dei bicchieri (operazione impossibile in tutte le altre sequenze ambientate nello spazio, dove vengono mostrate le difficoltà di consumare pasti in assenza di gravità e la necessità di usare cannucce). Successivamente, giunti sul luogo del ritrovamento, Kubrick segue gli astronauti nella loro camminata con la macchina da presa a spalla; astronauti che nel frattempo si sono inspiegabilmente moltiplicati diventando sei. L'area attorno alla scoperta sembra un set cinematografico con riflettori e macchine da presa. Più avanti nel film, l'astronauta David Bowman, in viaggio verso Giove, scopre di essere stato lui stesso vittima dei segreti dell'amministrazione spaziale. I tre astronauti ibernati (una metafora per sottolineare persone con gli occhi spalancati chiusi?), vengono uccisi dal computer che custodisce i segreti dell'ente spaziale, che verranno rivelati soltanto a Bowman quando riesce a disattivarlo. Un indizio lasciato da Kubrick sulla morte dei tre astronauti della NASA nell'incidente dell'Apollo 1?[20]

Dopo questo film, iniziano le fobie per i viaggi di Stanley Kubrick; fobie che si aggravano con il film successivo *"Arancia meccanica"*. I biografi, raccogliendo testimonianze da gente che lo conosceva, non sono d'accordo nell'individuare le cause di queste paranoie; alcuni le rimandano a un incidente aereo accaduto a Kubrick che aveva il brevetto di volo, altri alle minacce che iniziavano ad arrivare al regista. Il film *"Arancia meccanica"*[21] (1971), come è noto scatenò innumerevoli polemiche e portò Kubrick sia a difendere strenuamente la sua pellicola, sia ad operare un atto di forza, dimostrando a tutti come avesse il completo controllo dei suoi film; infatti, come detto in precedenza, lo fece ritirare in Inghilterra (provocando un danno alla Warner) dopo una serie di accuse che si rivelarono successivamente infondate, di aver istigato alcuni giovani a comportarsi come i protagonisti del film. Anche in questa pellicola, sembrano comparire alcuni accenni alla questione lunare come fa notare il critico Giuseppe Rausa:

"...1) Subito prima di venire aggredito il barbone recita un lamentoso monologo nel quale tra l'altro afferma: "È uno schifoso mondo perché non c'è giustizia... Che razza di mondo è questo? Uomini sulla Luna, uomini a spasso intorno alla terra e non c'è nessuno che rispetta la legge"; dunque

---

[20]https://it.wikipedia.org/wiki/Apollo_1

[21]https://www.imdb.com/title/tt0066921/?ref_=fn_al_tt_1

*l'ingiustizia e l'illegalità sono accoppiati all'idea dell'uomo nello spazio;
forse è la stessa missione Apollo a non essere "giusta", a essere "fuorilegge"?
(il breve monologo, sebbene già presente nel romanzo di Burgess, è
significativamente mantenuto ed enfatizzato da Kubrick).
2) Nella fase introduttiva al combattimento tra i due "branchi", nel
teatrino abbandonato, l'immagine che allinea i quattro drughi vestiti con
il loro caratteristico completo bianco (quasi una tuta da astronauta) su
uno sporco pavimento scuro, come disseminato di piccoli "crateri", evoca
con forza, per un attimo, le coeve fotografie lunari. Quattro criminali
abituati a truccarsi, un vecchio teatro luogo abituale di ogni forma di
abile simulazione, la musica della "Gazza ladra" ovvero il riferimento a
un uccello che (nell'opera rossiniana) ruba una posata d'argento: Kubrick
ha forse costruito un fulmineo e malizioso enigma intorno alla presunta
frode lunare? ..."*[22]

Quando inizia la preproduzione di Barry Lyndon, Kubrick accarezza
il sogno di poterlo girare in Inghilterra a pochi passi da casa; le
agitazioni in Irlanda erano al culmine e c'erano stati parecchi attentati
e omicidi ma per il maniacale perfezionismo del regista, le ville e le
location inglesi non avrebbero corrisposto al periodo storico minando
l'accuratezza del film. Kubrick cercava una soluzione sguinzagliando
fotografi a caccia di location in tutta l'Inghilterra. E quando le riprese
erano sul punto di iniziare, Kubrick ricevette una visita allarmante:

"Un giorno", disse un assistente, *"uno sconosciuto si presentò a casa di
Kubrick e disse qualcosa che lo innervosì molto".* Chiunque lo avesse
minacciato e di qualunque cosa si trattasse, l'intimidazione si dimostrò
potente. *"Dall'oggi al domani l'intera produzione fu spostata in Irlanda"*
conferma l'assistente. *"Non scoprimmo mai che cosa gli avesse detto, ma
Kubrick aveva una fobia assoluta per gli sconosciuti che lo avvicinavano.
Si preoccupa costantemente di essere rapito e dell'incolumità della sua
famiglia."*[23]

Le riprese di *"Barry Lyndon"* furono difficilissime e si protrassero a
lungo; ricordiamo che Kubrick utilizzò delle lenti speciali, ottenute
grazie ai suoi contatti all'interno della NASA, per riuscire a girare
in luce naturale al lume di candela; ma a Natale, con una troupe
sfiancata dalle difficoltà di un film nato sotto cattivi auspici, Kubrick

---

[22] http://www.giusepperausa.it/a_clockwork_orange.html
[23] John Baxter Op. Citata

si decise a concedere una vacanza al cast aspettando il nuovo anno per riprendere le riprese, che però vennero interrotte quasi subito a causa di una nuova minaccia alla vita di Kubrick.

Bernard Williams si trovava a Salisbury, per preparare le riprese in qualche location inglese, inclusa Wilton House... quando ricevette una telefonata dell'ufficio della produzione a Dublino. Gli dissero che, un ufficiale del Corpo Speciale, aveva chiamato dal castello di Dublino riferendo che, secondo i loro Servizi Segreti, Kubrick era un potenziale bersaglio dell'IRA. Williams era incredulo, ma la persona al telefono aveva insistito: *"Kubrick è terrorizzato"*.

In effetti Kubrick e la sua famiglia avevano già preso il traghetto da Dun Laoghaire la notte precedente, sotto falso nome.... *"Non so in che cosa consistesse esattamente la minaccia"* dice Ken Adam *"ma sicuramente eravamo consci dei pericoli, e tenete presente che Stanley, credo, era molto preoccupato per l'accoglienza di Arancia Meccanica... qualsiasi cosa fosse successa in Irlanda, deve averlo fortemente spaventato."* ...Barry Lyndon non fu mai più girato in Irlanda[24].

Kubrick teme qualcosa e negli anni successivi eviterà sempre più gli spostamenti arrivando a girare *"Full Metal Jacket"* nel parco di casa sua, trasformato per l'occasione nel Vietnam. Questo contribuì a creare il mito di un Kubrick misantropo, isolazionista ed eccentrico, ma chi lo conosceva bene nega con forza queste accuse. Riccardo Aragno, suo intimo amico fin dagli anni 60 che curò le versioni italiane dei suoi film, ricorda: *"Un orco solitario? Un nevrotico lontano da tutti? Ma se era l'uomo più allegro che ho mai conosciuto! Nella vita privata, con lui, non si faceva che scherzare."*

"Non si curava del denaro, ma, per proteggere sé e la sua famiglia dalla curiosità dei giornalisti, comprò un grosso palazzo in campagna circondato da quattro reticolati."[25]

Una curiosità poco nota riguarda tutte le insegne in lingua vietnamita che appaiono sui palazzi in *"Full Metal Jacket"*. Qui Kubrick utilizza molti messaggi nascosti e molte di queste scritte, una volta tradotte, riportano frasi inerenti al potere e al satanismo[26].

Questo breve e per forza di cose non esaustivo excursus sul regista,

---

[24] John Baxter Op. Citata

[25] http://www.archiviokubrick.it/testimonianze/persone/aragno.html

[26] https://www.youtube.com/watch?v=hyL2Ei8L81I

ci porta a *"Shining"*, alla pellicola cioè in cui alcuni osservatori hanno visto la confessione più esplicita di Kubrick a proposito del suo coinvolgimento nella falsificazione degli allunaggi; film che è considerato da molti come il suo lavoro più autobiografico.

Nonostante si tratti, come per tutti i film di Kubrick, di un lavoro estremamente interessante e complesso da analizzare nei suoi molteplici aspetti e nelle varie tematiche trattate (anche qui si concretizza un dipinto sull'impero americano nato da una forza massonica e sorto sul genocidio dei nativi americani), ci concentreremo soltanto sull'aspetto riguardante gli allunaggi. C'è da dire, innanzi tutto, che in quel periodo Kubrick era stato particolarmente colpito da un libro sui messaggi subliminali: *"Subliminal Seduction"* di Wilson Bryan Key[27]. Come era sua abitudine aveva approfondito la questione studiando e rintracciando tutto il materiale sull'argomento. Tutto questo appare evidente in *"Shining"* dove ogni inquadratura, movimento di macchina e scenografia stessa si trasformano in un veicolo per lanciare messaggi trasversali e costruire enigmi.

Per portare soltanto alcuni esempi, nel film compare una televisione accesa che non è collegata da nessuna parte, la macchina da scrivere, strumento del romanzo che il protagonista non scriverà mai, cambia colore durante il film, vari oggetti dello scenario scompaiono e riappaiono dalle inquadrature, gli stessi bagagli che Jack Nicholson asserisce di aver scaricato dalla sua auto (una Wolkswagen Maggiolone), sono impossibili in quanto la loro quantità e il loro volume non avrebbe mai trovato posto nell'automobile. L'attenzione maniacale di Kubrick per i dettagli rende queste stranezze delle scelte consapevoli che il regista opera per comunicare qualcosa e qui si apre la caccia alle interpretazioni del film.

Alcuni dettagli, tuttavia, sono ben circostanziati e vale la pena sottolinearli. Dicevamo che *"Shining"* è un film che contiene elementi autobiografici e in effetti è plausibile che Kubrick abbia incarnato sé stesso nei due attori principali, il nevrotico, disincantato e fallito Jack Torrance, che subisce gli influssi nefasti dell'Overlook Hotel (il sistema visibile/invisibile che ci controlla e manipola, il grande fratello

---

[27]http://www.amazon.co.uk/Subliminal-Seduction-Wilson-Bryan-Key/dp/0451061489

o l'occhio che tutto vede) venendone soggiogato, e il bambino Danny, che rappresenta la parte artistica creativa e infantile di Kubrick, che però rischia di subire le estreme conseguenze della sua percezione e della sua conoscenza delle cose.

Il primo dialogo tra Torrance e il direttore dell'albergo, mostra già tutta una serie di segnali molto diretti: il direttore è vestito con una camicia bianca a righe rosse con sopra una giacca blu, i colori della bandiera americana, e la sua pettinatura ricorda molto da vicino quella del presidente Kennedy, l'uomo può quindi rappresentare un dialogo tra Kubrick e il governo, nell'ufficio sono presenti due aquile; una più grande sulla finestra al centro dell'inquadratura, e una più piccola accanto alla radio (l'apparato per le comunicazioni). Ritroveremo aquile dappertutto nel film (la macchina da scrivere di Jack è tedesca e si chiama Adler cioè aquila, Jack indossa maglie con disegni di aquile etc.). L'aquila è il simbolo dell'America ed è anche il nome del LEM dell'Apollo 11 che si chiamava appunto: *Eagle*, nonché il simbolo dello stemma della missione Apollo. Questo è importante perché ritroveremo più avanti un esplicito riferimento all'Apollo 11.

Il dialogo si consuma in presenza di un terzo personaggio: l'enigmatico e silenzioso Bill Watson, la cui utilità narrativa sembra incomprensibile. Alcuni lo identificano con il guardiano silenzioso del governo[28] ricordando che nei dialoghi di lavoro, l'assistente silenzioso è in realtà l'osservatore a cui spetta la decisione finale, quello che esamina reazioni e comportamenti dell'intervistato. Il direttore, di solito quello che effettua il colloquio, rappresenta solo una facciata.

Nel magazzino alimentare, Kubrick posiziona sempre in posti strategici, in modo che appaiano chiaramente nelle inquadrature (disponeva egli stesso molti oggetti), dei barattoli contenenti il succo d'arancia di marca *"TANG"*. L'aranciata *"TANG"* fu lo sponsor ufficiale del programma spaziale USA fin dai tempi della Gemini.

Foto 7 - Foto 8

E con le sequenze dei fantasmi delle gemelle (assenti nel romanzo di Stephen King) che appaiono a Danny, prima vive e poi fatte a pezzi e insanguinate, Kubrick sembra fare un preciso riferimento al programma Gemini, in cui perirono ben sei astronauti designati poi al programma Apollo; tutti e sei perirono in incidenti e almeno tre di

---

[28] https://www.imdb.com/title/tt2085910/?ref_=nv_sr_1

loro in circostanze alquanto sospette (l'incidente dell'Apollo 1) dopo che si dimostrarono assai scettici e polemici sulla possibile riuscita dello sbarco lunare.

Ma è nella scena di Danny/Kubrick che entra nella stanza degli inganni che il regista diventa davvero esplicito: Danny sta giocando sul pavimento perfettamente posizionato al centro di una mattonella che ricorda la rampa di lancio N39 utilizzata dal razzo saturno che avrebbe portato gli astronauti sulla luna.

Foto 9

Attorno alla rampa, sono posizionate le automobiline di Danny; all'improvviso una palla venuta dal nulla lo raggiunge (è la Luna che ha raggiunto Kubrick sottolineando che non ci sono andati?) e Danny si alza con un movimento rigido e verticale come a simboleggiare la partenza del razzo, ed è qui che si vede che indossa un maglione con il disegno del razzo Saturn e la scritta *"Apollo 11"*, quindi il razzo sta effettivamente decollando.

Danny, quindi, copre la distanza che lo separa dalla rampa fino alla stanza 237. Il numero della stanza nella storia originale è 217. Interrogato sul motivo per cui decise di cambiarlo, Kubrick rispose che lo fece su richiesta dell'albergo in quanto i clienti, dopo aver visto il film, avrebbero potuto avere paura di soggiornare in quella stanza, ma la dichiarazione si rivelò una menzogna in quanto l'albergo non possedeva una stanza 217 che compare soltanto nella storia inventata da Stephen King ed esiste in

Tang was chosen for the Gemini astronauts
...and for the Ryans.
TANG
On every American space flight since Gemini IV, the
astronauts drank Tang. Tang is the instant breakfast
drink that Mrs. Ryan and Mrs. Turner and Mrs. Moore
have used for years. Tang has more vitamins C and A
than any orange juice you can buy. With natural or-
ange flavor. Tang ...chosen for NASA's Gemini Astro-
nauts. Why not choose it for your family, too?

Foto 7

On their 56th morning in outer space, three men will drink Tang.

And then check Skylab's solar array wings one last time and set the instruments on their module towards home.
This will come true. In less than 3 years, man will actually learn to live for extended periods of time in the first manned space station.
And Tang will be on board. The same instant breakfast drink that's on your kitchen table. Orange-flavored Tang with more vitamin C than orange juice. Nutritious Tang.

TANG

For breakfast tomorrow.

TANG IS GENERAL FOODS TRADEMARK FOR INSTANT BREAKFAST DRINK.

Foto 8

un altro albergo in cui lo scrittore ha soggiornato e si è ispirato.

237 (237.000) però è la distanza *"media"*, in miglia, tra la Terra e la Luna comunemente nota e riportata sui libri almeno fino al 1980 (anno in cui è uscito il film)[29].

Quando Danny/Kubrick raggiunge la stanza proibita (quella dove sono accadute cose che non si possono narrare), vede che la porta è socchiusa e sulla maniglia c'è un cartello rosso con su scritto in maiuscolo: ROOM N237. La scritta può essere letta come MOON ROOM, cioè la stanza della Luna, simbolicamente cioè la Stanza/Hangar dove Kubrick avrebbe girato gli allunaggi. Nel film la stanza mostra gli inganni, le cose che appaiono in un modo ma sono in un altro; quando successivamente ci entra Jack/Kubrick, vede una bellissima donna che poi si trasforma in un corpo in putrefazione.

Successivamente la moglie (con le fattezze di una squaw) scopre la verità su Jack/Kubrick vedendo che non sta scrivendo un romanzo ma sta ripetendo ossessivamente un ritornello (il cui inizio con i caratteri tipografici *"All"* sembra un altro richiamo ad Apollo 11); a questo punto Jack/Kubrick fa la sua tirata sul peso delle responsabilità che ha sulle spalle e sul dovere di rispettare un contratto.

Il film inoltre contiene anche un'altra immagine ricorrente ed è quella dell'orso; il *"bear"* viene spesso identificato con il simbolo dell'Unione Sovietica (gli americani danno soprannomi a tutto e chiameranno *"Bear"* anche un aereo strategico russo piuttosto famoso). L'orso compare in diverse scene e alla fine del film, quando la moglie vede finalmente le presenze demoniache dell'albergo, scorge in una stanza un uomo vestito in modo elegante (un alto funzionario governativo?) che si fa fare una fellatio da un altro uomo in ginocchio con un costume da orso (indizi della complicità/asservimento della Russia alla menzogna lunare americana?).

Gli indizi in *"Shining"* non finisco qui, si tratta di un film che è letteralmente disseminato di enigmi, immagini subliminali e sottotesti che rimandano a molteplici argomenti. Per capire però appieno il desiderio di Kubrick di raccontare i segreti e le dinamiche del potere che agiscono sulle persone comuni addormentate e che hanno gli occhi spalancati ma chiusi (Eyes Wide Shut), è necessario visionare

---

[29]Room 237 Op. Citata

tutta la sua filmografia. Una visione globale e ampia permette di comprendere il discorso che sta alla base dei suoi film, evitando così di cadere nel tranello della singola *"interpretazione"* che può essere data a un film e che in quanto tale può essere scorretta. Kubrick ha ribadito le sue idee in ogni pellicola, rendendo inequivocabile la sua riflessione ed esposizione del potere; utilizzando molti messaggi che uniti portano tutti nella stessa direzione. Un personaggio che, grazie al suo genio e alla sua conoscenza, ha lasciato una testimonianza scomoda e importante sulle dinamiche e i poteri che regolano le nostre esistenze inconsapevoli, utilizzando al meglio tutte le tecniche cinematografiche proprie del regista/illusionista. Forse, a differenza dell'industria cinematografica che mal sopportava, Kubrick è andato in direzione contraria, e per una volta tanto a favore del pubblico che però, ha gli occhi spalancati ma chiusi (gli eyes wide shut della sua ultima opera) e questo, secondo alcuni osservatori, gli è costato caro.

6. Programmazione Predittiva

Un modo sicuro di indurre la gente a credere a cose false è la frequente ripetizione, perché la familiarità non si distingue facilmente dalla verità. (Daniel Kahneman)

Abbiamo visto come il mezzo cinematografico è in grado di creare grandi suggestioni, e abbiamo visto come le persone reagiscono a questi stimoli emotivi. In *"Sub Limen - La tua vita è un inganno"*, abbiamo esplorato alcune tecniche di ingegneria sociale e ora sappiamo che sia gli enti governativi che associazioni, apparentemente indipendenti e in difesa dei diritti, ma in realtà finanziate da personaggi appartenenti a élite sovranazionali (che portano avanti le loro agende), si sono inserite nel mondo dell'intrattenimento per sfruttare l'enorme potenzialità di questi mezzi di influenzare e manipolare le grandi masse. Un'altra tecnica di ingegneria sociale molto utilizzata nel cinema e in TV è quella della programmazione predittiva; nei canali dell'informazione ufficiale questa tecnica è descritta come *"teoria"* e si tenta di associarla alle leggende metropolitane al fine di screditarne la validità e la stessa sua esistenza. In realtà, si tratta di un metodo conosciuto e utilizzato da tempo in molti ambiti e che è stato recentemente oggetto di uno studio scientifico pubblicato su *"Pubmed"*[1], il grande archivio di studi scientifici riguardanti la salute presente in rete. Lo studio analizza fatti e finzioni sulla pandemia del Covid 19 e prende in esame le tecniche della programmazione predittiva.

Tra le conclusioni dello studio, che dimostrano come la *"legge"* non dovrebbe entrare nel merito della libera informazione per limitare quelle che sono considerate *"fake news"* perché qualsiasi legislazione sarebbe peggiorativa della situazione, troviamo questa interessante considerazione: *"...In un'epoca di maggiore concentrazione e complessità, come indicato dal termine "Programmazione Predittiva", possibili conflitti di interesse o forme illecite di collusione tra una grande varietà di parti interessate, come tra autorità pubbliche, aziende, conglomerati dei media e più ampie industrie dell'intrattenimento dovrebbero essere indagate a fondo..."*[2].

---

[1] https://pubmed.ncbi.nlm.nih.gov/33867694/

[2] https://www.ncbi.nlm.nih.gov/pmc/articles/PMC8043095/

Oggi, infatti, stiamo sperimentando questa voglia di imporre obblighi e limiti all'informazione, che portano alla censura preventiva dei contenuti sui social network mentre, le fake news, vengono liberamente diffuse dai media tradizionali senza alcun controllo.

Uno dei primi a parlare di programmazione predittiva è stato il ricercatore Alan Watt[3] che la descrive in questo modo: *"...La programmazione predittiva è una forma sottile di condizionamento psicologico fornito dai media per informare il pubblico dei cambiamenti o degli eventi sociali pianificati. Se e quando questi cambiamenti saranno attuati, il pubblico li conoscerà già e li accetterà come "progressioni naturali", riducendo così ogni possibile resistenza e commozione pubblica. La programmazione predittiva, quindi, può essere considerata come una forma velata di manipolazione preventiva di massa o controllo mentale, per gentile concessione dei nostri burattinai..."*[4].

Attraverso l'introduzione di nuove idee e concetti, si opera per allentare la resistenza del pubblico ai cambiamenti e renderli *"accettabili"* o, dato che vengono annunciati in anticipo, *"accettati"* perché inevitabili e determinati da un destino manifesto.

Uno dei casi più interessanti di programmazione predittiva, perché utilizza sia messaggi espliciti che subliminali, è quello relativo agli attentati di New York dell'11 settembre del 2001. Non dobbiamo dimenticare che nei media americani, l'attentato fu paragonato all'attacco giapponese a Pearl Harbor, che sancì l'ingresso dell'America nella Seconda guerra mondiale e fu ricordato come il giorno dell'infamia perché, nella narrativa ufficiale, fu considerato un attacco a tradimento (in anni recenti sono uscite nuove rivelazioni che cambiano questo racconto storico). La frase ricorrente dei giornalisti per l'11 settembre del 2001 suonava così: *"...Come una nuova Pearl Harbor..."*. E in un documento redatto nel 2000 dal gruppo di neoconservatori che salì al potere e intitolato: PNAC (Project for a New American Century Ndr), in cui si delineano le strategie per garantire la supremazia americana negli anni a venire, si trova questo passaggio: *"...Inoltre, il processo di trasformazione, anche se porterà un cambiamento rivoluzionario, risulterà molto lungo, se non si dovesse verificare un evento catastrofico e*

---

[3]https://www.youtube.com/watch?v=MBnEbhDU4io

[4]https://joyoffaith.com/predictive-programming.html

catalizzante, come una nuova Pearl Harbor…"[5].

Il 21 maggio del 2001, quattro mesi prima degli attentati dell'11 settembre, nei cinema americani fu distribuito il colossal propagandistico: *"Pearl Harbor"*[6] dove venne ricordato a tutti il giorno dell'infamia con un blockbuster imbevuto di retorica e patriottismo che programmò l'inconscio collettivo a ciò che da lì a poco sarebbe accaduto. Nello stesso mese di settembre era prevista l'uscita di un album Rap la cui copertina, realizzata a giugno, mostrava le torri gemelle con delle esplosioni del tutto simili a quelle avvenute con l'impatto degli aerei e che potete osservare qui sotto:

Foto 10

---

[5]Sub Limen la tua vita è un inganno – Federico Povoleri PlaceBook 2020
[6]https://www.imdb.com/title/tt0213149/?ref_=fn_al_tt_1

74

Con gli attentati fu bloccata l'uscita di quello che sarebbe poi stato considerato il miglior album Rap del 2001[7], spostandola a novembre, e venne cambiata la copertina. Ma i riferimenti al 911 (così gli americani chiamano quel giorno per via di come pronunciano le date anteponendo il mese al giorno, ma 911 è anche il numero telefonico per le emergenze in America Ndr), nel mondo dell'intrattenimento non si fermano qui e prendere coscienza della quantità di questi *"suggerimenti"* e di quanto indietro si posizionino nel tempo, è un'esperienza assai inquietante; ma facciamo un passo alla volta: Il 4 marzo del 2001 viene trasmesso un altro impressionante esempio di programmazione predittiva; il telefilm pilota di una nuova serie intitolata: *"The Lone Gunmen"*.

"...Racconta dell'organizzazione, ad opera di una parte del Governo degli Stati Uniti, di un autoattentato, al fine di giustificare una guerra e di conseguenza rinvigorire il mercato delle armi. L'attentato consiste nel telecomandare un aereo di linea verso il World Trade Center. Andato in onda sei mesi prima dell'attentato dell'11 settembre, nell'episodio viene descritta una fazione segreta all'interno del governo degli Stati Uniti, che complotta per dirottare a distanza un Boeing 727 in modo che si schianti contro il World Trade Center. Il movente dell'atto, definito "auto-attentato", è quello di aumentare il bilancio militare del Dipartimento della Difesa, accusando paesi stranieri di essere i mandanti dell'attentato..."[8].

Nel film *"Matrix"* del 1999, il passaporto del protagonista, interpretato da Keanu Reeves, scade l'11 settembre del 2001 e nella sequenza di combattimento in cui un elicottero si schianta contro un grattacielo provocando un'esplosione, in un'immagine che diventerà terribilmente evocativa, il palazzo ha sul tetto una scritta in numeri romani che corrisponde al numero 2001. Il giorno degli attentati, quindi l'11 settembre del 2001 viene pubblicato l'album dei Dream Teather *"Live scene from New York"*[9] (scene dal vivo da New York Ndr) e nella copertina compare la grande mela (simbolo della città) avvolta dalle fiamme e sullo sfondo una skyline con le torri gemelle.

---

[7] https://it.wikipedia.org/wiki/Party_Music

[8] https://it.wikipedia.org/wiki/The_Lone_Gunmen

[9] https://it.wikipedia.org/wiki/Live_Scenes_from_New_York

Foto 11

Il videogioco *"Deus Ex"* uscito nel 2000 mostra una skyline di New York che fa subito notare l'assenza delle torri gemelle; la spiegazione che viene data nel gioco è che sono state eliminate a causa di un attentato terroristico[10]. Chi ha chiesto spiegazioni ai programmatori del gioco, si è sentito rispondere che in realtà le due torri sono state eliminate perché occupavano troppa memoria e appesantivano il gioco; una spiegazione di comodo e, osservando il gioco, si comprende pure assurda. All'inizio del 2001 appare anche un gioco di simulazione programmato in flash che si intitola: *"Trade Center Defender"* in cui il giocatore ha un mirino con il quale deve abbattere gli aerei che tentano di schiantarsi sulle torri gemelle.

Foto 12

La lista sarebbe ancora molto lunga ma già questi esempi dovrebbero essere sufficienti a comprendere che non siamo davanti a delle mere

---

[10]https://it.ign.com/deus-ex-the-conspiracy-ps3/165947/feature/social-media-e-terrorismo-quello-che-deus-ex-ha-predetto-del-nuovo-millennio

Foto 12

coincidenze ma a un reale programma di ingegneria sociale. La cosa però, diventa inquietante se iniziamo ad andare indietro nel tempo. È ragionevole pensare che alcuni progetti vengano pensati con un largo anticipo per poter appunto operare un cambio di opinione o l'accettazione delle masse; lo stesso schema della finestra di Overton illustrato nel mio saggio precedente, si applica in tempi lunghi e adotta una progressione per gradi, ma se parliamo di un anticipo nell'ordine di decenni, la cosa fa una certa impressione.

Nel 1979 viene pubblicato l'album dei Supertramp: *"Breakfast in America"*. La copertina dell'album mostra una skyline di New York vista attraverso il finestrino di un aereo. Una cameriera con un bicchiere di succo d'arancia imita la Statua della Libertà e la torcia (con il colore arancione che richiama il concetto di torcia/palla di fuoco) cade esattamente sulle torri gemelle. Guardando il disco allo specchio, ci si rende conto che le lettere *"U"* e *"P"* di Supertramp, tagliate nella parte inferiore, cadono esattamente sopra le torri gemelle formando il numero 911. Lo stesso titolo allude all'orario della colazione (il primo aereo si è schiantato alle 8:45 del mattino. Anche la scritta *"Breakfast"* sul menù retto dalla cameriera, è scritta con la scia di un aereo che si allontana verso l'orizzonte.

Foto 13 - Foto 14

Nel 1983, un libro mostra in copertina le torri gemelle in fiamme e il distacco della parte superiore del WTC 1 che cade in avanti, come

Foto 13

nell'inizio del crollo del vero edificio. La copertina mostra inoltre i corpi delle persone che cadono dal grattacielo, un'immagine diventata tristemente nota.

Foto 15

Nel film *"Arma Letale"*[11] del 1987 c'è una sequenza in cui i due poliziotti protagonisti si dirigono verso la casa di una sospettata; è visibile un cartello con divieto di parcheggio che riporta un orario: 9 – 11 AM (AM antimeridiane, quindi: 9/11 di mattina Ndr). Un aereo in atterraggio si sta abbassando in direzione della casa e quando incrocia idealmente la traiettoria dei poliziotti che in gergo vengono

[11]https://www.imdb.com/title/tt0093409/?ref_=fn_al_tt_1

Foto 14

Foto 15

chiamati *"Gemelli"*, la casa esplode in una palla di fuoco scaraventando a terra (abbattendo) i gemelli.

Foto 16 - Foto 17 - Foto 18

In *"Tuono Blu"*[12] del 1983, vengono sparati dei missili su due grattacieli che possono ricordare le torri gemelle; le esplosioni ricordano da vicino le immagini in diretta degli attentati.

Foto 19 - Foto 20

Nel 1994 la rivista *"VICE"* riporta un articolo intitolato: *"Cos'è Al Qaeda?"* in cui compare un disegno che mostra due noti personaggi di una serie animata, Beavis e Butt-Head[13], che interpretano dei terroristi mussulmani, che fanno volare due aerei verso due grattacieli che ricordano le torri gemelle (uno dei due palazzi ha le antenne così come il WTC 1).

Foto 21

Quando Steve Jackson[14] fonda la *"Steve Jackson Games"* nel 1980, collabora con il giovane disegnatore Dave Martin per realizzare un gioco ispirato alla trilogia di romanzi sugli *"illuminati"*, scritta da Robert Anton Wilson e Robert Shea: un racconto distopico e ironico sulle società segrete che controllano il pianeta attraverso pratiche occulte. Steve Jackson ritiene che un gioco sulle cospirazioni mondiali sia vincente ma non è per nulla semplice adattare i romanzi alle dinamiche del gioco basato su dei mazzi di carte. Una prima versione ancora acerba viene pubblicata nel luglio del 1982 e ottiene subito un notevole successo, ma una nuova versione che sarà poi la definitiva vede la luce nel 1995 con il titolo: *"Illuminati New World Order"*.

Pochi sanno che il primo marzo del 1990, gli uffici di Jackson furono perquisiti dai servizi segreti che accusarono l'uomo di aver assunto un pericoloso hacker; un certo Loyd Blankenship, meglio conosciuto con lo pseudonimo di *"Mentor"* appartenente alla *"Legion Of Doom"* una delle organizzazioni di hacker più famigerata del tempo. L'irruzione portò al sequestro di computer e materiale vario e l'indagine ricevette il nome in codice di: *"Operazione sundevil"*. Le accuse si rivelarono del tutto infondate ma nel frattempo Steve Jackson subì un grave

---

[12] https://www.imdb.com/title/tt0085255/?ref_=fn_al_tt_1

[13] https://en.wikipedia.org/wiki/Beavis_and_Butt-Head

[14] https://en.wikipedia.org/wiki/Steve_Jackson_(American_game_designer)

Foto 16

Foto 17

Foto 18

82

Foto 19

Foto 20

Foto 21

danno economico che rischiò di far fallire la società. Quando gli furono restituiti i computer e tutti i materiali sequestrati, si rese conto che molti contenuti erano stati manipolati e molti documenti erano mancanti. Questa vicenda insinuò in molte persone l'idea che Jackson, con il suo gioco, stesse rivelando informazioni segrete e proibite che aveva ottenuto chissà come. La cosa però più allarmante, fu che queste voci trovarono diverse conferme nel decennio successivo e per quanto riguarda l'11 di settembre, tra le carte pubblicate nel 1995, comparivano due carte che prevedevano l'attacco alle torri gemelle e al pentagono.

Foto 22 - Foto 23 - Foto 24

Le carte del gioco sono in tutto 532 e dall'11 settembre in poi sono state individuate molte altre carte che descrivono gli eventi che stiamo vivendo, compresa l'attuale vicenda del coronavirus che è rappresentata da una carta intitolata: *"Quarantena"*, dove si parla di un'epidemia e sono raffigurate le mascherine, i guanti, i vaccini e vari corpi avvolti in teli anonimi. Molte carte, come quelle relative all'11 settembre, lasciano davvero stupefatti per gli eventi che descrivono ma non ci è dato sapere se Steve Jackson ha voluto portare avanti un'operazione di programmazione predittiva, manipolando il pubblico o se, davvero, ha voluto comunicare qualcosa.

Anche in questo caso, la lista potrebbe continuare a lungo ma ci fermiamo qui; alcuni episodi potrebbero anche essere annoverati nel merito delle mere coincidenze, ma quando ci si trova davanti a una mole impressionante di indizi e si conoscono le tecniche di manipolazione delle masse, non è difficile capire che si tratta di azioni concertate per suggestionare le persone manipolando le loro emozioni.

Foto 25

Per quanto riguarda tutta la narrazione legata al coronavirus, ci sarebbe ovviamente da scrivere un volume sulla propaganda operata dal 2019 in poi, ma dato che in questo libro ci occupiamo delle tecniche di manipolazione operate nell'intrattenimento e nel cinema, ci limiteremo a segnalare queste ultime. È tuttavia necessario rilevare però, che un attacco così diretto alle libertà fondamentali delle persone, che ha visto in campo reazioni esagerate da parte di molti governi, non si vedeva dai tempi della Seconda guerra mondiale.

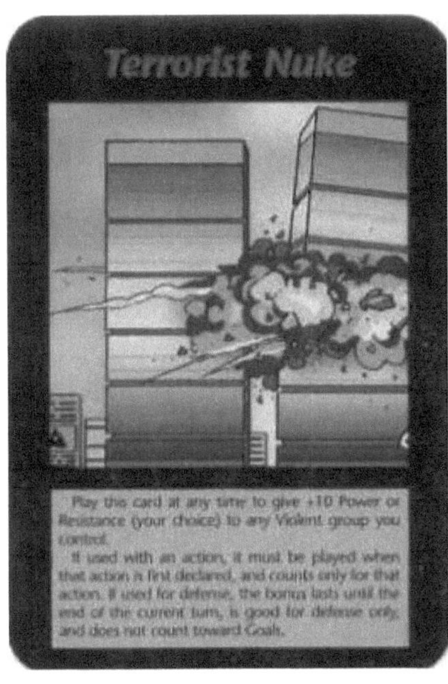

Foto 22

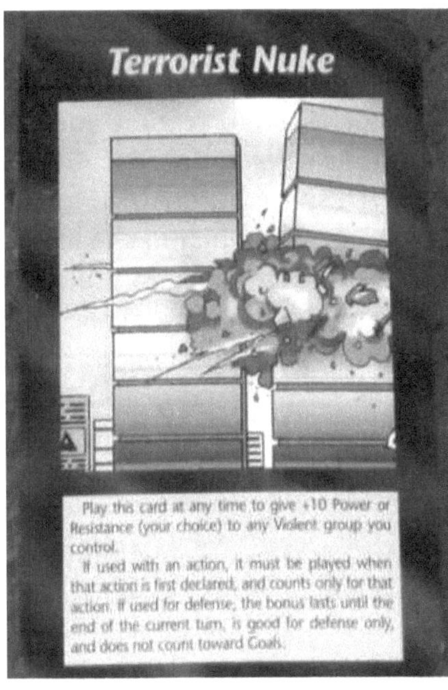

Foto 23

Foto 24

Nel mondo occidentale, sempre attento a sottolineare attraverso i media e la politica, i propri principi di civiltà e libertà e a condannare ogni forma di autoritarismo, ci si sarebbe aspettati reazioni forti di protesta tra la maggioranza dei cittadini ma questa reazione, almeno nelle prime fasi, non c'è stata e l'improvvisa spinta autoritaria, non ha suscitato scandalo in una buona maggioranza di cittadini, che hanno reputato sensate e giustificate, le azioni in realtà del tutto arbitrarie prese dai governi. Certo molte persone sono state letteralmente terrorizzate dall'incessante propaganda diffusa nei media mainstream, ma è comunque curiosa l'accettazione dimostrata dalla grande massa del pubblico; la protesta sta ora montando sempre più ma la reazione è stata troppo lenta per quelli che ormai sembravano i canoni consolidati della società occidentale. La spiegazione risiede nel fatto che abbiamo visto in azione gli effetti della manipolazione subita da decenni di cinema di propaganda. Nel campo della programmazione predittiva, troviamo nella vicenda Covid, una serie di fatti molto interessanti che vale la pena approfondire per comprendere i legami tra intrattenimento e politica.

86

Epidemic

Disaster! This is an Attack to Destroy any Place. It does not require an action. Its Power is 14.

This is *not* an Instant attack; other groups can interfere normally.

If the attack succeeds, the target is *Devastated.* This attack cannot actually destroy the target.

Disaster!

Foto 25

Uno dei maggiori attori in questo scenario, che si è anche adoperato nel profetizzare scenari futuri, è Bill Gates, che nel maggio del 2011, durante l'assemblea mondiale per la sanità, interviene tra mille onori annunciando: *"Il decennio dei vaccini"*[15]. Il miliardario, creatore del sistema operativo Windows per computer, è da molto tempo un assiduo finanziatore delle pratiche vaccinali in tutto il mondo grazie alla fondazione condivisa con la moglie (Bill & Melinda Gates Foundation), ed è intrallazzato con l'OMS (Organizzazione Mondiale della Sanità) alla quale contribuisce con ingenti fondi.

Quattro mesi dopo questo annuncio, esce al cinema il film di Steven Soderbergh *"Contagion"* distribuito dalla Warner Bros. La pellicola è decisamente interessante perché sembra l'anticipazione di ciò che si verificherà nel 2020 e la sceneggiatura viene scritta con la consulenza degli esperti dell'OMS[16] e in particolare nella figura del Dott. W. Ian Lipkin, che per pura combinazione, lavora anche per la Bill & Melinda Gates Foundation[17] e si è costruito una reputazione grazie al suo lavoro in un istituto diretto da Anthony Fauci[18] (sono tutte coincidenze?).

La trama racconta l'esplosione di una pandemia che parte in Cina, da Hong Kong, e che assomiglia a una normale sindrome influenzale che poi però si aggrava portando alla morte il soggetto infettato. Il virus, altra combinazione, deriva da un incrocio tra un virus del pipistrello e del maiale. Il film mette in scena un cast stellare nel quale spicca la presenza di Marion Cotillard, la famosa attrice francese che nel 2008 aveva sollevato un vespaio di polemiche per le sue dichiarazioni sulle bugie raccontate nella versione ufficiale degli attentati dell'11 settembre 2001[19]. Polemiche che misero a rischio la luminosa carriera dell'attrice quando tutti i media iniziarono ad attaccarla per le sue posizioni, obbligandola, successivamente, a ritrattare affermando

---

[15]https://www.saluteinternazionale.info/2011/05/bill-gates-inaugura-il-decennio-dei-vacci-ni/?pdf=5933

[16]https://it.wikipedia.org/wiki/Contagion_(film_2011)

[17]https://www.pathology.columbia.edu/profile/w-i-lipkin-md

[18]https://en.wikipedia.org/wiki/W._Ian_Lipkin#Career

[19]https://www.france24.com/en/20080302-marion-cotillar-d%E2%80%99-sept-11-faux-pas-france-cinema

che le sue parole erano state equivocate e prese fuori contesto. Che la partecipazione a un film propagandistico come *"Contagion"* sia stato il prezzo da pagare per non assistere alla disintegrazione della sua immagine?

Il film mette in scena tutto ciò a cui assisteremo in questi ultimi due anni: la quarantena, le mascherine, i guanti, il distanziamento sociale, lo *"stare a casa"*, il *"lavarsi le mani"*, etc. Mostra le strategie dell'OMS per vaccinare tutto il mondo e mette in campo anche i dissidenti nella figura dell'attore Jude Law, che non crede al governo e cerca di fare controinformazione. Ovviamente nel film il suo personaggio è un irresponsabile che diffonde fake news su internet; il suo ruolo è quello di classificare tutti i dissidenti come pericolosi criminali, mentre la fiducia nei governi e nella *"Scienza"* rappresenta l'unica possibilità di salvezza.

Ma non finisce qui; Bernays ma anche Goebbels, ci hanno insegnato che, per fare in modo che un'idea faccia presa nelle coscienze, serve una continua ripetizione. Il concetto deve essere reiterato per mettere radici e sedimentare nei cervelli e così, sempre in quel periodo, esce un altro film: *"Perfect Sense"*[20], in cui uno strano virus elimina l'olfatto, il gusto (vi ricorda qualcosa?) e poi tutti gli altri sensi. Nel film compaiono le ormai note mascherine chirurgiche usate anche per baciarsi.

Foto 26 - Foto 27

Un'interessante ricerca evidenzia come, dal 2011 e nell'arco di 7 anni, sono stati prodotti ben 15 film che avevano come soggetto un'epidemia[21]. Mentre dal 1964 al 2010, in 46 anni ne sono stati prodotti 10 in tutto. L'autore dell'articolo, parlando della programmazione predittiva, commenta così: *"...la macchina cinematografica, ha cominciato a spianare la strada agli eventi, e abituando le masse a ciò che vedrà quando sarà il momento. Lo schermo sta abituando le menti con una goccia di condizionamento alla volta, in modo che quando il cervello sarà pieno, agli occhi della gente, la visione di uno stato che "protegge" i cittadini a costo della libertà individuale, del*

---

[20]https://www.imdb.com/title/tt1439572/?ref_=fn_al_tt_1

[21]https://www.filmatrix.it/come-mai-quello-che-sta-accadendo-non-spaventa-piu-nessuno-la-risposta-e-nei-film-e-nella-programmazione-predittiva/

Foto 26

Foto 27

diritto di manifestare e a costo della democrazia stessa, quello Stato sarà comunque giusto e accettabile, e chiunque metta in "dubbio" sia le origini che i metodi della gestione pandemica, sarà un folle da internare..."[22].

Altri episodi degni di nota riguardano il fumetto uscito nel 2017 *"Asterix e la corsa d'Italia"* in cui viene indetta una corsa che attraversa tutto il paese (ricordiamo che l'Italia è stato il primo paese occidentale colpito dall'epidemia) e l'auriga che rappresenta Roma e viene invocato dalla folla, si chiama Coronavirus e nel fumetto è definito: *"L'auriga mascherato"*.

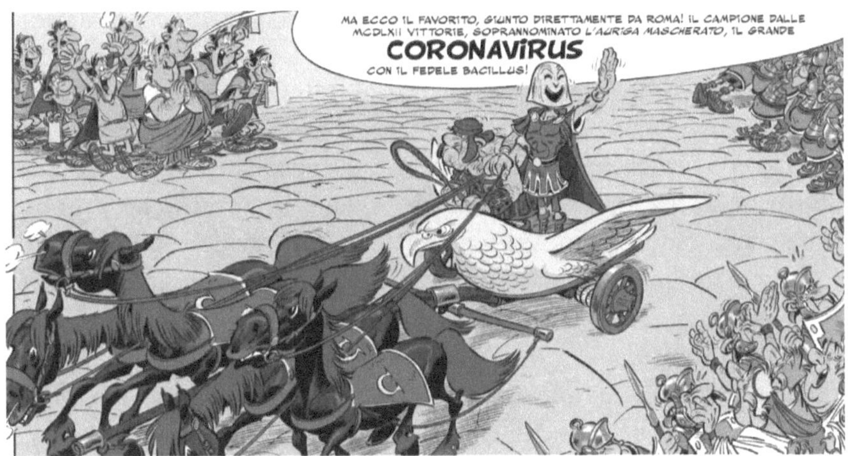

Foto 28

Foto 29

---

[22]Ibidem

Un romanzo fantascientifico: *"The eyes of darkness"* scritto da Dean Koontz e pubblicato nel 1981, profetizzava un virus chiamato Wuhan 400 (dal nome della città di origine) che è stato prodotto in laboratorio[23]. In un altro libro del 2008 scritto da Sylvia Browne: *"End Of Days"*, l'autrice profetizza che intorno al 2020 una malattia simile alla polmonite si diffonderà in tutto il mondo[24].

Tra le segnalazioni doverose, ritroviamo nuovamente protagonista Bill Gates che tramite la sua fondazione e, in collaborazione con World Economic Forum di Klaus Schwab e la John Hopkins University, organizza il 18 ottobre 2019 a New York, una esercitazione/simulazione che porta il nome in codice di *"Event 201"*[25]. L'esercitazione prevede la simulazione di una pandemia mondiale causata da un nuovo tipo di coronavirus e viene tenuta pochi mesi prima degli eventi che stiamo tutti vivendo da ormai due anni. Ma non si tratta soltanto di una profezia alquanto sospetta; l'esercitazione ha alcune caratteristiche degne di nota che la rendono ancora più sinistra. Come evidenzia Ferdinando Esposito in un suo articolo: *"...Analizzando alcuni passaggi della simulazione, si può notare che non si concentra molto sulle cure mediche da mettere in campo per fronteggiare il virus, ma si preoccupa di gestire l'emergenza sul piano mediatico per rendere le persone più consapevoli dei rischi pandemici, ricorrendo anche ad attori e finti telegiornali, per seminare finto terrore. Altra curiosità, è che la simulazione individua nel distanziamento sociale e nel lockdown le possibili soluzioni per fronteggiare l'emergenza sanitaria, ritenendo insufficienti i tradizionali farmaci antivirali. Ma la simulazione rimarca anche l'importanza che la popolazione mondiale venga rapidamente vaccinata, per superare la fase pandemica in modo definitivo...*
...Quindi, la simulazione, da un lato, individua nel lockdown la "cura" per limitare la diffusione del virus e, dall'altro, rimarca l'importanza che la popolazione mondiale debba essere vaccinata...
...Tuttavia, è notorio che un vaccino, per essere sicuro (sempre in modo

---

[23]https://www.vanityfair.it/news/storie-news/2020/02/20/un-virus-letale-da-wuhan-il-libro-profezia-scritto-nel-1981

[24]https://www.leccenews24.it/attualita/scrittrice-americana-prevede-coronavirus.htm

[25]https://www.wallstreetitalia.com/evento-201-ottobre-2019-la-pandemia-era-gia-scritta-j-hopkins-gates-e-world-economic-forum/

relativo), necessita di tempi lunghi, dai cinque agli otto anni, ma la simulazione fa espresso riferimento ad un vaccino pronto nel giro di un anno: quindi anche su questo ha anticipato la realtà. Inoltre, "Event 201" parla di una malattia trasmessa, in Sud America, dai pipistrelli che contagiano i maiali e poi questi contagiano l'uomo...

...Tutto ciò ha reso gli autori della simulazione "Event 201" dei soggetti dotati dell'autorità morale propria dei vincitori di una guerra mondiale, in quanto sono loro a dettare la linea e a gestire i guadagni del vaccino, superiori a 50 miliardi di dollari all'anno per le aziende produttrici, le cosiddette Big Pharma, come ha fatto notare il quotidiano la Stampa del 14 dicembre 2020..."[26].

Un altro esempio notevole di programmazione predittiva nei riguardi della pandemia è rappresentato dal fatto che tra la primavera e l'autunno del 2019, si sono moltiplicati i vip dello spettacolo e della moda che si facevano vedere e ritrarre con una mascherina.

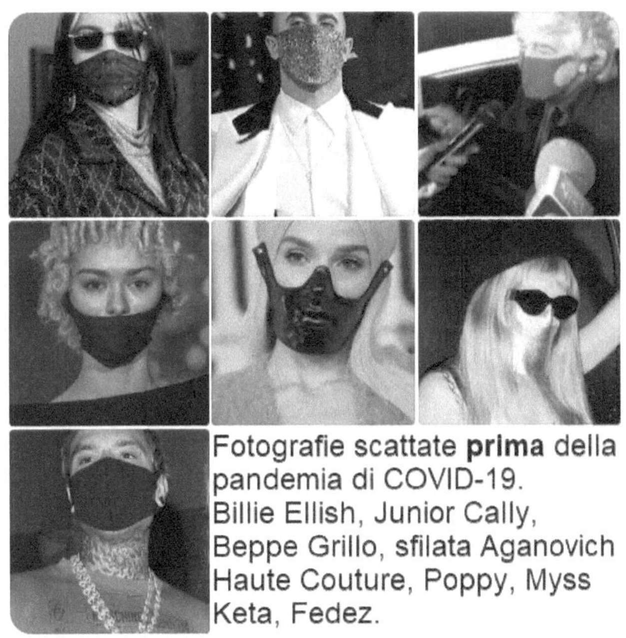

Foto 30

---

[26]https://www.opinione.it/societa/2021/03/23/ferdinando-esposito_event-201-lockdown-vaccinazione-massa-new-york-wuhan-distanzionamento-sociale/

Emblematico anche il caso del programma televisivo: *"Project Runway"* che nel marzo del 2019 introduce un concorrente chiamato *"Kovid"* che presenta un capo di moda con annessa mascherina[27]. Vi sembrano tutte coincidenze?

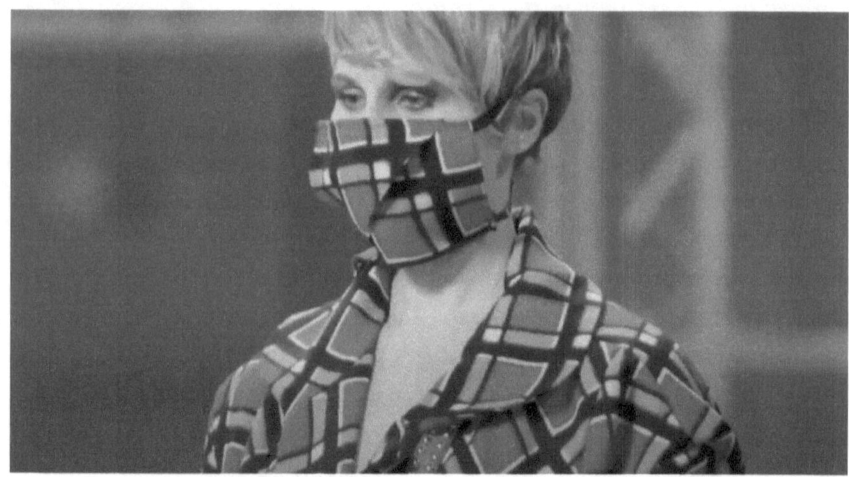

Foto 31

Ma anche nel caso dell'epidemia possiamo trovare esempi antecedenti alle prime dichiarazioni di Bill Gates; tra i molti film che mostrano epidemie o pandemie, segnalo il film del 1979: *"The Hamburg Syndrome"*[28]. In questa storia assistiamo allo scoppio di un'epidemia misteriosa nella città di Amburgo; le persone iniziano a cadere per strada morte (ricordate le prime immagini che arrivavano dalla Cina?). Nella pellicola ritroviamo tutti gli elementi che oggi vediamo nella nostra vita: un vaccino che presenta molti rischi, la quarantena, il distanziamento, le mascherine, perfino le grandi manifestazioni di piazza delle persone che protestano contro le restrizioni; l'intervento dei militari assieme ai medici, i campi di confinamento, le restrizioni sui viaggi.

Rimanendo nel campo della programmazione predittiva nei film, è anche interessante notare come molte pellicole rappresentino in definitiva dei mezzi per sdoganare nuove abitudini e tecnologie

---

[27]https://www.youtube.com/watch?v=ZYSFTA3llaQ

[28]https://www.imdb.com/title/tt0079264/?ref_=fn_al_tt_1

94

che il pubblico sarà portato ad accettare; ad esempio, in *"Minority Report"*[29] (di Steven Spielberg – 2002), vediamo una società abituata al riconoscimento facciale e alla perdita della propria privacy. Le persone sono monitorate continuamente attraverso la scansione oculare e quando entrano nei negozi vengono riconosciute e viene ricordato loro l'acquisto precedente con dei suggerimenti per quelli nuovi. Vediamo anche le persone abituate a viaggiare in automobili a guida automatica. Il tema del film ruota attorno alla polizia precrimine, che arresta le persone prima che commettano un reato grazie all'utilizzo di alcuni soggetti precognitivi. Se nel racconto originale di Philip K. Dick emerge in modo evidente il disagio e la critica per un mondo distopico e per l'orrenda pratica di arrestare le persone che non hanno ancora commesso nessun reato, nel film, il tutto viene normalizzato. Anche se alla fine la precrimine viene chiusa a causa dell'utilizzo pericoloso e criminale dell'uomo che l'ha ideata, viene comunque ricordato al pubblico che da quando fu creata, aveva azzerato i reati; e in questo modo si fa passare l'idea per positiva. Come spesso capita in questo tipo di pellicole, la colpa è sempre imputata alla mela marcia di turno, il sistema non viene mai incolpato. Le stesse tecnologie di sicurezza e controllo dei cittadini e le automobili a guida autonoma, sono mostrate anche in *"Total Recall"*[30] (di Paul Verhoeven – 1990).
Se ci fate caso, la maggior parte dei film non mette mai in discussione il *"sistema"*, le *"autorità costituite"* o il *"governo"*. Si tratta sempre di singoli individui o al massimo di gruppi deviati all'interno delle istituzioni. Questi film sono concepiti per creare sempre un clima di fiducia nelle autorità perché alla fine, risultano anch'esse vittime dell'iniziativa criminale di una minoranza. In *"Ipotesi di complotto"*[31] (di Richard Donner – 1997), Mel Gibson interpreta un personaggio disturbato mentalmente, affetto da molti tic e paranoie assortite, che fa il tassista e intrattiene i suoi clienti raccontando loro un'infinità di aneddoti sulle grandi cospirazioni mondiali. Si tratta esattamente del ritratto del tipico complottista che la stampa e la propaganda hanno iniziato a delineare dopo gli attentati dell'11 settembre del 2001, per

---

[29]https://www.imdb.com/title/tt0181689/?ref_=fn_al_tt_1

[30]https://www.imdb.com/title/tt0100802/?ref_=fn_al_tt_1

[31] https://www.imdb.com/title/tt0118883/?ref_=fn_al_tt_1

screditare qualsiasi ricercatore si fosse messo ad indagare su quegli eventi allontanandosi dalla narrazione ufficiale. Non dimentichiamo che l'allora presidente Bush, subito dopo gli attentati dichiarò: *"Non tollereremo oltraggiose teorie del complotto"*[32].

La propaganda ha così creato la categoria del complottista che viene dipinto come una persona poco credibile, poco istruita, con problemi economici, e che crede a qualsiasi cosa, dalla terra piatta, alle scie chimiche, ai cerchi nel grano, etc. etc. etc. Questo personaggio si è arricchito negli anni di nuove e variegate definizioni ed è passato velocemente dall'essere deriso al rappresentare un pericolo pubblico. Negazionista, violento, terrorista e appartenente addirittura a gruppi sovversivi di estrema destra. Questa etichetta è stata ripetuta così tante volte da essere entrata nel linguaggio popolare e viene riesumata tutte le volte che qualcuno osa mettersi contro il pensiero unico deciso dall'autorità.

Il personaggio di Mel Gibson dipinge dunque una sorta di caricatura che trasmette conferme al pubblico sulla natura psicopatologica delle persone che hanno sfiducia nel governo e credono ai complotti. Durante la visione del film, si scopre che il personaggio è stato vittima di esperimenti sul controllo mentale e questo conferma nello spettatore il fatto che, fin dall'inizio, la sua mente è distorta e preda di qualsiasi credenza per quanto assurda possa essere. La filosofia di questo tipo di operazioni va identificata come una mossa di anticipo, perché se le teorie della cospirazione dovessero diventare prevalenti nella realtà, si sono gettate le basi preventivamente, per coprire di ridicolo chiunque metta in discussione il pensiero dominante. Ma è alla fine che il film manipola al meglio il pubblico: si scopre infatti che sì, il programma governativo per il controllo mentale denominato MKUltra è esistito realmente, ma ci viene detto che il governo lo aveva abbandonato nel 1973 e quelli che avevano fatto esperimenti sul protagonista, erano dei malvagi che agivano privatamente dopo essersi impossessati di queste tecniche. E anche altri complotti in cui credeva il protagonista che si scopriranno essere reali, non vedevano coinvolto il governo ma sempre piccoli gruppi dissidenti o deviati dei servizi segreti. Il film ha la chiara funzione di abituare il pubblico a percepire con divertimento

---

[32]https://www.c-span.org/video/?167220-2/president-bush-speech-united-nations

e disprezzo tutte le persone impegnate nella ricerca e nella revisione critica della società o del governo.

In quei film che invece sembrano apertamente contro il sistema, come ad esempio *"Matrix"*[33] (di Lana e Lilly Wachowsky – 1999) o *"V per vendetta"*[34] (di James McTeigue – 2005), si evidenzia sempre la figura dell'eroe solitario; un salvatore, un eletto, che arriva a liberare l'umanità. Questo tipo di programmazione emotiva è utile perché descrive sempre regimi autoritari o stati di polizia che vengono profetizzati per il futuro, e si comunica in via subliminale al pubblico, che nel momento in cui questi scenari si realizzeranno, le persone dovranno essere pronte e disposte a sopportare in attesa di un salvatore che sicuramente verrà a liberare tutti. Emblematica in questo senso la speranza e la credenza di molti in questo periodo che l'ex presidente Donald Trump possa incarnare una sorta di salvatore che abbia il potere di sistemare la deriva autoritaria che sta attanagliando le democrazie occidentali. Alimentare speranze simili, è una tattica per tenere le folle tranquille e in uno stato di *"non azione"* funzionale a sedare il dissenso. Il potere della speranza che aumenta la resilienza, come dimostrato dall'esperimento dei topi annegati di Richter[35], può essere manipolato e spinto in direzioni opposte; dal combattere con tutte le proprie forze finché c'è speranza, ma anche sopportare i soprusi in nome della speranza di una liberazione, e sappiamo come le persone tendano sempre a delegare optando per il comportamento più facile e allontanando la responsabilità individuale che si traduce spesso in una scelta che comporta maggiore fatica e necessità di impegno. Gli altri esperimenti descritti in *"Sub Limen - La tua vita è un inganno"*, completano il quadro rendendo più chiara la manipolazione intesa nel far credere alle persone che arriverà un salvatore.

---

[33]https://www.imdb.com/title/tt0133093/?ref_=fn_al_tt_1

[34]https://www.imdb.com/title/tt0434409/?ref_=fn_al_tt_1

[35]https://www.virtuasalute.com/scienza-maledetta/drowning-rats-il-potere-del-la-speranza-anni-50-johns-hopkins-university.html

7. Il principe nero di Hollywood

Io conosco il segreto per far credere all'americano medio tutto ciò che desidero. Datemi soltanto il controllo della televisione. Mettete qualsiasi cosa in televisione ed essa diventa realtà. E se il mondo esterno alla TV contraddice le immagini, la gente inizierà a modificare il mondo per adeguarlo alle immagini della TV.
(Hal Becker)

In questa realtà distopica che abbiamo descritto, in cui l'intrattenimento è un'arma di persuasione e manipolazione di massa, il lato più oscuro della forza è rappresentato da un colosso che è diventato talmente potente da costituire un monopolio assoluto in grado di controllare totalmente (eliminando così ogni possibilità di voce pluralista) la narrazione e quindi le idee da diffondere al pubblico. Il grande fratello descritto da George Orwell in 1984[1], che riscriveva la storia e inventava la narrazione di una realtà inesistente da diffondere come pensiero unico alle folle completamente soggiogate, può oggi essere efficacemente rappresentato dalla Walt Disney Company. Il colosso dell'intrattenimento per bambini, si è ora trasformato in una piovra, le cui molteplici diramazioni dei suoi tentacoli, stanno oscurando qualsiasi barlume di libertà, indipendenza o diversità di opinione artistica potesse essere sopravvissuto al già devastante sistema delle grandi distribuzioni.

L'acquisizione del controllo totale da parte della Disney segue una ripida curva di ascesa che possiamo riassumere velocemente così: Nel 2006 la Disney acquisisce gli studi della Pixar[2]. Se prima si occupava soltanto della distribuzione dei lungometraggi prodotti da questa azienda, con un accordo da oltre 7 miliardi ne diventa proprietaria.

Nel 2009 è la volta della Marvel[3]; la Disney acquisisce l'universo dei supereroi famosi in tutto il mondo. Poi, nel 2012, tocca alla LucasFilm

---

[1] https://it.wikipedia.org/wiki/1984_(romanzo)

[2] https://www.repubblica.it/2006/a/sezioni/economia/pixar/disneycompra/disneycompra.html

[3] https://www.repubblica.it/2009/08/sezioni/economia/disney-marvel/disney-marvel/disney-marvel.html

e al brand di *"Guerre Stellari"*[4]. Nel 2019 si concretizza uno degli acquisti più colossali della storia; la Disney acquisisce la 20th Century Fox con un'operazione commerciale da oltre 70 miliardi di dollari[5]. Nel 2020, quasi a sorpresa, arriva l'acquisizione del colosso Netflix[6]. Le implicazioni di tutto questo, come abbiamo detto, sono facilmente immaginabili; si tratta di un monopolio in grado di controllare in toto l'industria dell'intrattenimento. Proviamo quindi a dare uno sguardo alle origini di un mito, che fin dai suoi esordi si è distinto per le operazioni di propaganda sia esplicita che subliminale; puntiamo lo sguardo sul principe nero di Hollywood: Walt Disney.

Come ha scoperto Marc Eliot durante le sue ricerche: *"...Walt Disney divenne una spia per il governo degli Stati Uniti. Suo compito era quello di riferire sulle attività di attori, sceneggiatori, produttori, registi, tecnici e sindacalisti hollywoodiani che l'FBI, il Fedral Bureau of Investigation, sospettava come sovversivi. Disney considerò questo incarico non solo un dovere patriottico, ma anche un impegno morale. Si dedicò allo spionaggio con la stessa passione ossessiva che un tempo aveva dedicato al cinema..."*[7]

Walt Disney era un personaggio controverso e con alcuni segreti che sono rimasti tali. Quando tentò di arruolarsi, ancora minorenne, mentendo sulla sua età, gli venne chiesto di produrre un certificato di nascita e in quell'occasione, scoprì che, né all'anagrafe, né in nessun altro posto, esisteva una sua copia del certificato di nascita[8]. Questo episodio lo porterà, negli anni, a intraprendere una lunga ricerca e allo stesso tempo aggraverà la diffidenza nei confronti di suo padre, che infliggeva a lui e al fratello Roy, pesanti e massicce punizioni corporali. Come molti bambini vittime di abusi, Disney si convinse di essere un figlio illegittimo. L'allora capo dell'FBI, J. Edgar Hoover[9], altro personaggio controverso, nel 1940 offrì a Disney aiuto illimitato da parte dell'FBI per far luce sul suo passato in cambio della sua collaborazione per la sicurezza nazionale[10].

---

[4]https://www.ilpost.it/2012/10/31/la-disney-ha-comprato-lucasfilm/

[5]https://www.wired.it/play/televisione/2019/03/20/disney-acquisizione-completa-fox/

[6]https://www.gliacchiappafilm.it/2020/04/disney-acquista-netflix-laccordo-e-fatto/

[7]Marc Eliot – Walt Disney, il principe nero di Hollywood – Bompiani 1994

[8]Ibidem

[9] https://it.wikipedia.org/wiki/J._Edgar_Hoover

[10]Marc Eliot – Walt Disney, il principe nero di Hollywood – Bompiani 1994

Disney era notoriamente antisemita e razzista, e con i suoi collaboratori manteneva un atteggiamento dispotico obbligandoli a turni di lavoro massacranti. Quando ebbe l'idea per un nuovo personaggio, che sarebbe diventato *"Topolino"*, fu il suo collaboratore Oswald Iwerks, a concretizzarlo sulla carta.

Per anni dal suo staff e dai suoi ex-dipendenti circolavano malumori e insinuazioni secondo le quali sarebbe stato un disegnatore tanto scadente da non saper tirare nemmeno una riga. Dopo vent'anni, in cui Disney si sentì perseguitato da queste dicerie, ammise pubblicamente e per la prima volta, che non aveva mai materialmente disegnato *"Topolino"*[11].

Ma uno dei suoi segreti più ben custoditi ruota attorno alla sua presunta appartenenza alla massoneria. Il lato più interessante e allo stesso tempo *"intrigante"* di questa faccenda, riguarda il fatto che sono state fatte ricerche in lungo e in largo per trovare documenti che provassero la sua affiliazione o iniziazione alla massoneria; ricerche che si sono sempre dimostrate vane. Eppure, i suoi film sono intrisi di simbologia e allegorie massoniche, al punto che molti massoni ritengono che Walt Disney fosse certamente uno dei loro. Come per tutti gli artisti iniziati, che hanno disseminato di simbologia le loro opere per diffondere un certo tipo di conoscenza ai posteri, Disney non fa eccezione; ma perché non si trova traccia della sua appartenenza alla fratellanza? L'unica cosa, che si sa con certezza, è che fu iniziato all'Ordine DeMolay, un'istituzione paramassonica che può essere considerata l'anticamera della massoneria e che aveva lo scopo di reclutare i giovani tra i 12 e i 21 anni. In una tavola massonica scritta dall'anonimo Fr. E. D., iniziato alla loggia Hocma n° 182 di Trapani e intitolata: *"La massoneria nelle opere di Walt Disney"* leggiamo:

"...Egli non ha mai nemmeno smentito la sua appartenenza; e la testimonianza inconfutabile di essere un Fratello si ha nelle sue stesse opere – sia i disegni che i film o le produzioni televisive – in cui numerosissimi sono i riferimenti ai principi ed alla simbologia massonica. La prima testimonianza massonica nelle strip di Walt Disney risale al 1938 con il titolo "Mickey Mouse Chapter"; pubblicata proprio su l'International DeMolay Cordon, il bollettino ufficiale dell'Ordine, propone Topolino che,

---

[11]Ibidem

assieme ad alcuni amici, tra cui Orazio, fonda egli stesso una "Chapter", cioè una Loggia; della striscia però rimangono solo 3 tavole: la prima è proprio la Fondazione della Loggia, le altre due si svolgono durante una Tornata. Ma nelle strisce di Walt Disney spesso compaiono chiari simboli massonici, quali Squadra e Compasso oppure il Pentacolo, spesso in bella vista e talvolta più defilati. Squadra e Compasso sono chiaramente visibili in una strip di Topolino del 19 febbraio 2002. Ma le stesse "Giovani Marmotte" a cui appartengono i nipotini di Paperino: Qui, Quo, Qua, hanno una struttura più massonica che da Boys Scout, con a capo un Gran Mogol (normalmente chiamato G.M., come Gran Maestro; ricordiamo, in ogni caso, che anche i Boys Scout sono stati fondati da Baden-Powell, anch'egli Massone). Ma dove Walt Disney ha lasciato più marcata la sua impronta massonica, è stata la sua produzione cinematografica, sia nei film d'animazione che in quelli a tecnica mista; ricordiamo che Walt Disney dava indicazioni ben precise sulla sceneggiatura dei film, e controllava i disegni dei suoi operatori fotogramma per fotogramma prima di dare il via libera; nessun simbolo poteva nascere senza un suo ordine e la sua approvazione..."[12]

Il testo prosegue nella descrizione della simbologia massonica presente in varie opere come ad esempio: *"Biancaneve"*, *"Cenerentola"*, *"La spada nella roccia"*, *"La bella addormentata"* etc. Un ulteriore brano di questo scritto è comunque molto interessante: *"...Tra i suoi cortometraggi, nel 1959 "Paperino nel mondo della matematica" è un vero e proprio manifesto della cultura massonica ed esoterica: in esso Paperino viene iniziato in una Accademia Pitagorica, e lì gli vengono spiegati i simboli della numerologia, nonché i segreti della geometria e della matematica ed i loro rapporti "magici" con la musica e l'architettura; i segreti del Pentacolo ed i segreti del suo rapporto con la Sezione Aurea; un bambino non ne può non rimanere affascinato ed incuriosito, e da adulto probabilmente farà di tutto per avvicinarsi a questa "visione diversa" delle scienze esatte...*
...Un'intera tavola meriterebbe "Mary Poppins" (1964); possiamo solo citare le colonne che adornano l'ingresso della (sola) casa in cui arriva Mary Poppins con il vento dell'Est (Oriente), la "medicina" di sapore diverso secondo i gusti dei bambini, la "parola" – Supercalifragilisticespiralidoso

---

[12]https://www.radiospada.org/2014/02/walt-disney-cartoni-animati-e-massone-ria-foto-e-video/

— che ti introduce in un mondo "diverso", l'iniziazione di Banks che, con un preciso rituale e per mezzo della parola magica, muore come essere legato ai metalli per rinascere con nuovi valori, come padre, come marito e soprattutto come "uomo"...[13]

Ovviamente non basterebbe un volume per analizzare l'enorme produzione Disney, anche limitandosi al periodo in cui il suo fondatore era ancora vivo ed esercitava il suo ossessivo controllo sulle opere. C'è inoltre il periodo bellico, in cui i personaggi Disneyani si sono prestati alla propaganda di guerra con alcuni prodotti davvero inquietanti come ad esempio: *"Education for death"*[14] e *"Der Fuehrer's Face"*[15] che possono essere visualizzati su youtube[16].

Interessante è anche il lungometraggio: *"Fantasia"*; il film che Walt Disney ritenne più importante e quello che gli provocò la maggiore frustrazione perché venne aspramente criticato ed ebbe scarso successo alla sua uscita. Si tratta di una complessa allegoria in cui, oltre alle immagini si fonde pure la musica classica con una oculata scelta dei pezzi e degli autori coinvolti. Solo per citare un esempio, nel film è presente un episodio che si sviluppa sulle note della sesta sinfonia di Beethoven conosciuta come: *"La pastorale"*. Il musicista è stato anch'egli vicino alla massoneria e, a quanto pare all'Ordine degli Illuminati, anche se non esistono prove certe in merito[17] come per Walt Disney. La sua sinfonia è utilizzata per un'allegoria massonica di grande impatto. La sequenza, una sorta di giardino idilliaco abitato dai centauri, è una rappresentazione allegorica dello *"Hieros Gamos"*[18] (il matrimonio mistico), che è anche uno dei rituali centrali dei riti magici più elevati. I centauri sono la perfetta rappresentazione dell'unione dei due elementi principali componenti l'esteriorità degli esseri umani, metà animale metà uomo, ovvero l'istinto e la ragione, il substrato ancestrale animalesco e il logos; l'eterna dualità. Tutto questo

---

[13]Ibidem

[14]https://it.wikipedia.org/wiki/Education_for_Death

[15]https://it.wikipedia.org/wiki/Der_Fuehrer's_Face

[16]https://www.youtube.com/watch?v=5XNLnbvqsxo e https://www.youtube.com/watch?v=bn20oXFrxxg

[17]https://www.lvbeethoven.it/biografia-09-daniele-scarpetti/

[18]https://it.wikipedia.org/wiki/Ierogamia

è presentato in modo allegorico e di conseguenza, l'unione sessuale tra due persone è il ballo dei centauri che, nel rituale dello *"Hieros Gamos"*, rappresenta l'unione maggiore tra maschile e femminile, la convergenza finale degli opposti. Nei riti esoterici, questo rituale prevede l'effettivo accoppiamento tra due persone e questa pratica la vediamo esposta anche nella scena dell'orgia in *"Eyes Wide Shut"*, l'ultima opera di Kubrick. Possiamo dire che la sequenza dei centauri e la scena della setta che interpreta un rito orgiastico nel film di Kubrick raccontano la stessa cosa.

In *"Fantasia"*, Dioniso fa le vesti del sacerdote/celebrante, il vino è allegoria delle sostanze inebrianti che si consumano nel rito (e anche del sangue che in alcuni riti viene coinvolto). Interessante è il fatto che in seguito è Zeus a interrompere la scena, perché Zeus è un Dio celeste; a differenza di Bacco che è un Dio *"ctonio"*[19]. Bacco rappresenta l'antica ritualità, fatta di riti terrestri, ctoni, quelli a cui si rifanno gli occultisti. Zeus è un Dio celeste, rappresenta la religiosità urania, solare, e infatti interrompe il rito, così come le nuove religioni ispirate ai cieli combattono i riti delle antiche religioni ispirate alla terra. Mettere a confronto questa sequenza con quella realizzata da Stanley Kubrick, è particolarmente interessante perché abbiamo due atmosfere agli opposti: nel film di Walt Disney si respira un'atmosfera gioiosa, colorata e allegra, mentre nella pellicola di Kubrick ci troviamo davanti a un ambiente cupo, tetro e dai richiami demoniaci. Qualcuno potrebbe chiedersi perché la stessa allegoria viene rappresentata in modo così diverso e non è difficile comprendere che, mentre Disney rappresenta un ideale che dovrebbe appartenere a una conoscenza elevata a cui attinsero vari uomini di cultura, Kubrick decide di mostrare ciò che avviene dietro le quinte del potere, dove esiste una realtà in cui questi ideali e conoscenze, sono corrotti o piegati a forze maligne che hanno probabilmente perduto il legame con il divino traducendosi, nel materiale, in pratiche oscure.

Come ho mostrato in *"Sub Limen - La tua vita è un inganno"*, anche i cartoni animati e i prodotti in genere per l'intrattenimento dei più piccoli sono infarciti di messaggi subliminali e, come abbiamo appena visto, tematiche esoteriche e simboliche che mirano comunque a

---

[19] https://it.wikipedia.org/wiki/Divinit%C3%A0_ctonie

diffondere un certo tipo di pensiero. La cosa che fa riflettere è che non si tratta di una pratica legata a Walt Disney e alle sue idee o convinzioni, perché anche tutta la produzione successiva di quello che, come abbiamo visto è ormai un monopolio, è piena di simbologie esoteriche che ormai, da parecchi anni, hanno assunto una deriva di stampo satanico e chiari intenti manipolatori presenti sin dalla fase di scrittura delle sceneggiature. Inoltre, anche all'epoca di Walt Disney, molti cartoni prodotti da altri studi presentavano le stesse tematiche e ideologie. Il massone Giovanni Lombardi, in un suo articolo[20] descrive un cartone di inizio '900 intitolato: *"L'iniziazione di Bimbo"*[21]. Lombardi spiega che: *"...Il cartone animato è davvero molto scuro e bizzarro, ma basta una minima conoscenza del simbolismo massonico per rendersi conto che il cartone è tutto sulle società segrete e le tribolazioni che un iniziato deve passare per essere accettato. All'inizio del cartone animato, Bimbo (un nome azzeccato per un non-iniziato?) cammina lungo la strada senza curarsi di ciò che accade attorno a lui. Improvvisamente, Bimbo cade in un tombino/trappola, tanto che è lo stesso Topolino a intrappolarlo all'interno mettendo un enorme lucchetto. Strano come questo personaggio sia il reclutatore che porta all'iniziazione Bimbo.*

Bimbo si trova nella tana sotterranea di una strana società segreta composta da uomini mascherati con le candele in testa (che simboleggia l'illuminazione?). Uno gli chiede: "Vuoi essere un membro? Vuoi essere un membro?". Quando Bimbo risponde "NO!", viene mandato in delle camere che richiamano le varie prove che vengono imposte ai nuovi iniziati nelle reali società segrete. A un certo punto, quando si trova nella stanza in cui ha i piedi incollati al pavimento e una candela sta bruciando la corda che tiene sopra la sua testa un pannello pieno di spunzoni, Bimbo è indotto a pensare che sarebbe morto. Le esperienze pre-morte hanno fatto parte delle iniziazioni alle società segrete fin dall'antichità. Nella prova della "Porta del Mistero", (scena in cui si trova di fronte a 4 porte), Bimbo affronta importanti simboli associati a società segrete: Skull & Bones (Teschio & Ossa) e il numero 13. Dietro la porta della Skull &

---

[20]https://www.radiospada.org/2014/02/walt-disney-cartoni-animati-e-massoneria-foto-e-video/

[21]https://www.youtube.com/watch?v=RFrBG4xyaF8

Bones c'è uno specchio; dunque, aprendola si trova di fronte a sé stesso.

La cerimonia di iniziazione al primo grado prevede una domanda fatta al profano nella quale si chiede: "Talora foste accettato nella Loggia, riconoscerebbe colui che fino ad oggi ha ritenuto come suo nemico come fratello?" Alla risposta positiva seguirà questa affermazione: "Adesso vi mostreremo chi è il vostro peggior nemico".

Tolta la benda, gli si offrirà la sua immagine riflessa nello specchio. Dietro la porta numero 13 invece trova uno scheletro che parla al telefono. Il numero 13 è anche legato ai Tarocchi con la carta della Morte, di cui il significato principale è relativo al cambiamento. Può essere interpretato come il mondo materiale in contatto con l'aldilà. Inoltre, il numero tredici nella numerologia esoterica, indica la rottura dell'armonia, incarnando il disordine. Infatti, è il numero che con l'aggiunta di una unità al dodici, interrompe la ciclicità, obbligando ad una trasformazione radicale. Il significato del tredici è negativo, infatti è detto aritmico, rompendo la legge dell'equilibrio e della continuità. Bimbo, dopo essere riuscito a prendere la bicicletta, entra in una stanza dal pavimento massonico, nella quale al centro vi è una piscina piena d'acqua. Quando apre la porta per uscire dalla stanza, scopre che dietro ce n'è un'altra. Continua fino a che non ha aperto altre 7 porte. Anche il 7 è un numero esoterico molto importante. Il numero sette esprime la globalità, l'universalità, l'equilibrio perfetto e rappresenta un ciclo compiuto e dinamico. Considerato fin dall'antichità un simbolo magico e religioso della perfezione, perché era legato al compiersi del ciclo lunare. Durante le sue prove terrificanti, Bimbo impara a conoscere la natura illusoria del mondo materiale, un concetto fondamentale comunicato nelle iniziazioni occulte. Mentre scappa nel corridoio con delle lame dentate che si chiudono dietro di lui, ad un certo punto si trova con il cuore in mano. Questa simbologia è ricorrente nella massoneria e nella fase d'iniziazione alla massoneria, l'iniziato deve dire: «che il mio cuore venga strappato se tradisco i segreti». Dopo che Bimbo si è rifiutato ripetutamente di diventare membro della massoneria, viene sedotto da Betty Boop, che gli fa capire che se accetterà, avrà successo e donne. A quel punto Bimbo accetta di buon grado…"

Ora proviamo a pensare per un momento a quale bombardamento subiamo visionando centinaia di film che contengono informazioni simili. È ovvio che non tutti comprendono la simbologia o le allegorie esoteriche, così come non tutti conoscono i significati di queste opere; ma come insegna Jung, siamo tutti sensibili e reagiamo ai simboli e alle immagini archetipiche anche se non le comprendiamo. È qualcosa che fa parte del nostro DNA.

Come scrive Serena Fanara: *"...Gli scienziati spiegano la realtà attraverso leggi matematiche, si fa un passaggio ulteriore quando le formule matematiche vengono rappresentate con le forme. Come abbiamo visto il nostro inconscio è suscettibile alle forme perché esse richiamano informazioni primordiali legate al nutrimento, la scelta dei luoghi ospitali e i pericoli. Si può quindi dire che il cervello umano è sensibile agli archetipi. Se hai un minimo di conoscenze sulla simbologia, sai che una immagine geometrica porta con sé dei significati, non sempre evidenti. In un certo senso i simboli sono codici per trasferire numerosi significati e informazioni a livello subliminale. Dall'antichità, il Fiore della Vita affascina le civiltà di tutto il mondo, questo simbolo è stato trovato in Cina, in Israele nelle antiche sinagoghe, in Galilea e a Mesada, in Sudamerica e nell'antico Egitto. Successivamente studiato nel Rinascimento fino ad arrivare ai giorni nostri, troviamo questo simbolo in edifici, oggetti e manoscritti di numerosissime culture. Leonardo studiò le geometrie e le proprietà matematiche del Fiore della vita, in esso è possibile ritrovare molte altre figure della geometria sacra, come per esempio la sezione aurea e le dieci Sefirot della Kabbalah. Il Fiore della Vita è quindi un simbolo così potente e importante perché racchiude in sé la creazione, la perfezione, è un simbolo di equilibrio, rinascita, armonia e protezione. Lo schema frattale che troviamo in esso è la rappresentazione dell'Uno che fa parte del Tutto. Rappresenta la continua e costante connessione fra l'ambiente e noi, tra le persone e tra le energie che in ogni momento si intersecano. ...Le neuroscienze con innumerevoli studi sulla stimolazione inconscia, hanno dimostrato come il cervello risponda positivamente a determinate forme e come queste possano generare sensazioni di abbondanza e benessere, crescita, guarigione e persino gioia.*

Nelle forme della geometria sacra ritroviamo gli schemi della crescita di molte piante, la divisione dei petali di alcuni fiori, la forma delle cellule e molto altro. Puoi quindi capire come a livello sottile ed inconscio ci sia una trasmissione di informazioni che passa dalla vista e arriva direttamente a <u>stimolare il nostro cervello e la nostra sfera emotiva...</u>"[22]

[22]https://www.serenafanara.it/come-i-simboli-influenzano-linconscio-il-fiore-della-vita/

Ora, chi è stato a manipolare i simboli utilizzandoli in modo da esternarne tutta la loro potenza intrinseca, che fu capace di annichilire milioni di persone anche se non ne comprendevano il significato? Sono certo che alcuni di voi sanno già la risposta: Adolf Hitler; la svastica è certamente il simbolo più terribile e famoso di quel periodo storico e sappiamo che si tratta di un simbolo presente in moltissime culture, molto antico, e solitamente dai connotati positivi prima di trasformarsi, grazie al nazismo, in un emblema del terrore. Ma anche il simbolo delle SS[23] è preso direttamente dalle antiche rune[24] delle tribù germaniche. Simbologia ed esoterismo sono stati utilizzati in modo preponderante durante il nazismo ed è curioso che molti storici oggi, ancora si chiedano come è stato possibile assoggettare un intero popolo e non prendano in considerazione questo aspetto ben presente e radicato ma probabilmente sottovalutato o relegato al ruolo di leggenda o delirio di un folle. Un giornalista che ha indagato a fondo l'aspetto esoterico del nazismo è stato Marco Dolcetta che ha scritto vari testi in merito e ha anche realizzato una serie di documentari intitolata: *"Il nazismo esoterico"*[25] nei quali approfondisce in modo esaustivo questo argomento che non compare nei libri di storia. Un suo trattato è rintracciabile anche in rete e si tratta di un testo molto interessante[26].

Tornando alla sterminata produzione della Walt Disney Company, è inquietante rendersi conto della quantità di simboli, messaggi subliminali e linee narrative ambigue celate nei loro prodotti. Alcuni esempi li abbiamo visti nel precedente saggio, ma la domanda che dobbiamo farci ora che siamo a conoscenza della volontà di molte aziende e associazioni di vario genere, di utilizzare il mezzo cinematografico per manipolare il pubblico è questa: possiamo forse dire che, come per le varie associazioni che fanno pressioni per inserire la propria agenda nei film, anche la Disney abbia una sua agenda, legata a ideologie di stampo esoterico e satanista da diffondere presso

---

[23] https://it.wikipedia.org/wiki/Simboli_runici_adottati_dalle_SS#Rune_usate_dalle_SS

[24] Rune deriva da "Run", parola nordica che significa: "Scrittura Segreta"

[25] https://it.wikipedia.org/wiki/Marco_Dolcetta#Filmografia

[26] https://www.free-culture.ir/Nazionalsocialismo_esoterico.html

il pubblico? È difficile dare una risposta definitiva ma è indubbio che tutta la loro produzione è talmente costellata di simbolismi e messaggi subliminali, che non basterebbe un libro per elencarli tutti; è la quantità stessa che ne esclude la casualità, o lo scherzo sfuggito al controllo del censore indicandone una precisa volontà.

D'altra parte, la stessa azienda ha dimostrato atteggiamenti assai ambigui; ad esempio, nel 2018 la Disney licenzia su due piedi Roseanne Barr, una star di un programma di grande successo, che viene anch'esso cancellato, a causa di un tweet razzista di quest'ultima nei confronti di una collaboratrice dell'ex presidente Obama[27]. Ma poi, nel 2019, riassume il regista James Gunn[28], che era stato precedentemente licenziato[29] per alcuni tweet riguardanti la pedofilia e la violenza. Inoltre, riassume anche l'attore Brian Peck, nonostante la condanna ricevuta proprio per pedofilia[30]. E se pensate che non sia abbastanza, il regista Victor Salva, fu condannato a 3 anni di carcere dopo l'accusa di aver molestato l'attore bambino Nathan Forrest Winters; si scoprì che il regista aveva filmato l'abuso in questione ed era in possesso di molto altro materiale video pedopornografico. Salva uscì dal carcere dopo soli 15 mesi e continuò tranquillamente a lavorare per la Walt Disney e a far carriera a Hollywood[31]. È dunque solo un caso che alcuni simboli identificati dall'FBI come codici utilizzati dai pedofili, compaiano spesso nella produzione Disney? Alcuni li abbiamo visti nel precedente saggio ma ora che li conoscete, potete ritrovarli in moltissimi altri prodotti e soltanto per portare un altro esempio, il simbolo che secondo l'FBI identifica i pedofili che vogliono comunicare la loro preferenza per i bambini maschi e che è presente in vari cartoni animati,

---

[27]https://www.nytimes.com/2018/05/29/business/media/roseanne-barr-offensive-tweets.html

[28]https://www.fumettologica.it/2019/03/james-gunn-disney-guardiani-galassia-3/

[29]https://www.ilsole24ore.com/art/perche-disney-ha-licenziato-james-gunn-regista-guardiani-galassia--AE4WqQRF

[30]https://www.dailymail.co.uk/news/article-3115792/Pedophile-X-Men-actor-convicted-sexually-abusing-Nickelodeon-child-star-working-underage-kids.html

[31]https://www.indiewire.com/2017/09/jeepers-creepers-3-victor-salva-pedophile-molestation-plot-details-1201881375/

Foto 32

è presente anche nel film Disney *"Navigator"*[32] del 1986. Osservate ad esempio questa inquadratura estratta dal film.

Foto 33

Il simbolo presente sui gradini dell'astronave è associato al bambino maschio che espone i suoi genitali per fare pipì.
L'ombra del principe nero di Hollywood si è estesa dopo la sua scomparsa trasformandosi in un moloch[33] gigantesco che gestisce la quasi totalità del cinema di intrattenimento per ragazzi; non dovremmo forse chiederci quali messaggi sta veicolando?

---

[32]https://www.imdb.com/title/tt0091059/?ref_=fn_al_tt_1

[33]https://it.wikipedia.org/wiki/Moloch_(divinit%C3%A0)

8. Lo schermo è il nostro costante Bobo experiment?

L'uomo-massa moderno è solo e isolato, anche se fa parte di una folla; non ha convinzioni da dividere con gli altri, solo slogan e ideologie che ricava dai mezzi di comunicazione.
(Erich Fromm)

Il cinema ha fatto un salto quantico in termini di *"verosimiglianza"*. Fermo restando che ogni pellicola è di fatto una finzione che non ha alcuna attinenza con la logica o la realtà, si è passati dal suscitare emozioni attraverso una recitazione in cui la gestualità, il dialogo e i toni erano enfatizzati ed eccessivamente lirici, teatrali e drammatici, all'imitazione perfetta o quasi della quotidianità e del linguaggio che contraddistingue le nostre vite. Allo stesso tempo, temi potenti come la vita e la morte sono passati dall'essere rappresentati in modo altrettanto teatrale o addirittura metaforico, a un realismo disturbante che ne ha banalizzato ogni significato rendendo il tutto non più occasione di riflessione ma soltanto motivo di angoscia. Gli effetti speciali rendono indistinguibile la realtà dalla fantasia e gli attori si prestano sempre più spesso e sono ormai abituati, a fare sesso veramente mentre vengono ripresi. Non si tratta di un'osservazione bigotta o scandalizzata, ma di fatto, questo ha tolto alla nostra fantasia ogni elemento di elaborazione, mentre la fiction ci mette davanti a una realtà fittizia ma brutalmente ed efficacemente imitata. Se già alla nascita del cinema si erano comprese le capacità manipolatorie di questo strumento, oggi sono stati abbattuti molti altri confini in termini di efficacia e ipnosi. Uno degli elementi più sconvolgenti delle produzioni degli ultimi 30/40 anni è la quantità e la verosimiglianza della violenza mostrata nelle pellicole. Un film vietato ai minori di 14 o 18 anni di oggi non è paragonabile a uno con gli stessi divieti di trent'anni prima. Al punto che molti film orientati, anche a un pubblico più giovane, contengono elementi di violenza e sessualità che in passato sarebbero stati oggetto di censura. Ma è la quantità della violenza presente in ogni tipo di pellicola che fa seriamente riflettere. C'è probabilmente più violenza nei film di quanta ce ne sia effettivamente nella vita reale. Sempre parlando di impatto psicologico unito all'intrattenimento, è indicativa, l'evoluzione delle armi giocattolo. Vi siete mai soffermati, ad esempio, a pensare alla diversa sollecitazione emotiva e al senso di potenza che è in grado di trasmettere una moderna pistola ad acqua rispetto a quelle che si utilizzavano negli anni 70?

Foto 34

Foto 35

Per non parlare, come abbiamo scritto all'inizio, dei videogiochi che hanno ormai un livello di realismo e violenza davvero inquietante.
È inevitabile a questo punto fare una riflessione: oltre a tutte le tecniche manipolatorie che abbiamo preso in considerazione finora, c'è la componente visiva del mostrare determinate azioni, che si potrebbe ricollegare al principio della riprova sociale descritto da Robert Cialdini[1]. Quest'ultimo può essere collegato a sua volta al celebre

____

[1] Sub Limen - La tua vita è un inganno – Federico Povoleri – PlaceBook 2020

esperimento della bambola Bobo (Bobo Doll Experimen Ndr).

Si tratta di un esperimento che aveva come finalità uno studio sull'aggressività e sull'apprendimento sociale e fu condotto tra il 1961 e il 1963 dallo psicologo canadese Albert Bandura[2].

"...Allo studio presero parte 36 bambini e 36 bambine di età compresa tra i 3 e i 5 anni, tutti alunni della scuola materna dell'Università di Stanford. I bambini vennero divisi in tre gruppi: 24 vennero esposti al modello aggressivo, 24 al modello non aggressivo e i restanti al gruppo di controllo. I gruppi vennero a loro volta divisi per genere (maschi e femmine). I ricercatori si assicurarono che la metà dei bambini fossero esposti alle azioni di adulti dello stesso sesso e l'altra metà ad alcuni del sesso opposto. Sia nel gruppo aggressivo sia in quello non aggressivo, ogni bambino osservava individualmente il comportamento di un adulto verso la bambola Bobo (una bambola gonfiabile di plastica alta un metro e mezzo, che recuperava il suo equilibrio dopo averla fatta dondolare). Nello scenario del modello aggressivo, l'adulto iniziava a giocare con i giochi della stanza per circa un minuto. Dopodiché, assumeva un comportamento aggressivo verso la bambola, picchiandola o utilizzando un martello giocattolo per colpirle la faccia. Nello scenario non aggressivo, l'adulto giocava semplicemente con la bambola. Infine, nel gruppo di controllo non esisteva una previa osservazione di interazione con alcun modello. Dopo l'osservazione, i bambini dovevano passare uno a uno nella stanza con i giochi e la bambola Bobo. Furono ripresi con videocamere per registrarne il comportamento dopo aver osservato le azioni dei modelli adulti. Bandura stabilì che i bambini esposti al modello aggressivo erano più inclini ad agire con aggressioni fisiche. Per quanto riguarda i risultati delle differenze di genere, confermarono pienamente il pronostico di Bandura secondo cui i bambini erano influenzati di più dai modelli dello stesso genere. Inoltre, tra i bambini che avevano assistito allo scenario aggressivo, il numero di attacchi fisici mostrati fu maggiore nei maschi rispetto alle femmine. Ovvero, i bambini mostravano più aggressività quando osservarono i modelli maschili aggressivi. D'altra parte, nel 1965 è stato condotto un esperimento simile a quello della bambola Bobo per stabilire gli effetti del premiare o punire il comportamento sbagliato e violento. Le conclusioni ottenute confermarono la teoria

---

[2]https://it.wikipedia.org/wiki/Albert_Bandura

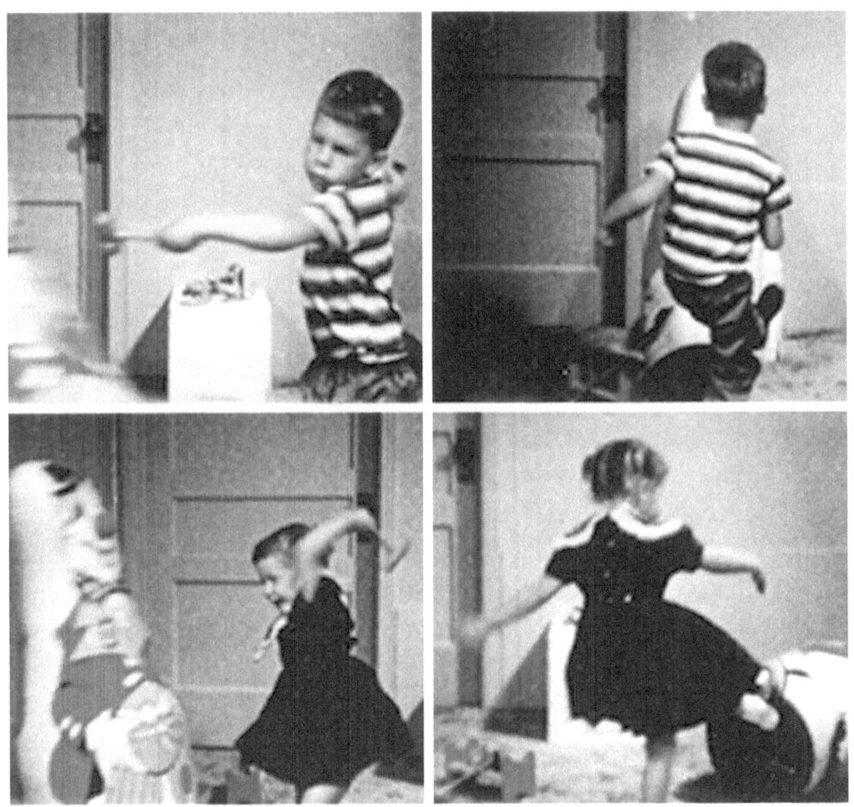

Foto 36

Gli esperimenti sono stati riprodotti successivamente in svariate occasioni, rilevando gli stessi risultati anche negli adolescenti, sia maschi che femmine, in soggetti con indole aggressiva o no, anche l'appartenenza etnica è risultata ininfluente[4].
Le implicazioni degli studi di Bandura, così come quelle di Cialdini,

---

[3]https://lamenteemeravigliosa.it/esperimento-della-bambola-bobo-aggressivita/
[4]https://it.wikipedia.org/wiki/Esperimento_della_bambola_Bobo

sulla riprova sociale, sono importanti perché dimostrano che gli individui apprendono per *"osservazione"*. Osservando gli altri, si acquisiscono determinate conoscenze, capacità, strategie, convinzioni e comportamenti. Questo ci fa capire che ognuno apprende l'utilità, la convenienza e le conseguenze di diversi comportamenti osservando vari modelli e si comporta, di conseguenza, in base a ciò che ritiene sia il risultato delle sue azioni. Come affermò Bandura:

"...L'apprendimento è bidirezionale: noi apprendiamo dall'ambiente e l'ambiente apprende e cambia grazie alle nostre azioni..."

Capite che ci troviamo in una condizione in cui TV, cinema, videogiochi e intrattenimento in generale, ci forniscono quotidianamente dei modelli comportamentali, e nel tempo, questo continuo bombardamento non è esente da effetti collaterali; 100 anni di cinema, ci hanno colonizzato il cervello.

Un ricercatore che ha utilizzato un filmato come mezzo per indurre una modifica comportamentale, ottenendo risultati sorprendenti è stato lo psicologo Robert O'Connor. Prima di descrivere l'esperimento di O'Connor, però, riassumiamo in breve il principio della riprova sociale di Cialdini perché è importante capirne le implicazioni e il modo in cui, questi automatismi possono essere utilizzati non soltanto nel marketing, ma inseriti in un film per orientare il comportamento delle persone; possiamo quindi sintetizzare il principio in questo modo:

1. Se sono incerto, prenderò spunto da cosa fanno gli altri.

2. Se tante altre persone stanno facendo qualcosa, è bene che faccia anch'io lo stesso.

3. Se tante altre persone evitano di fare qualcosa, è bene che nemmeno io lo faccia.

Questi principi possono essere collegati a loro volta ad altri concetti che abbiamo già espresso come ad esempio:

1. Il parere di un esperto, un *influencer* o una celebrità, avrà un peso maggiore di quello di un utente comune.

2. Il parere di molte persone avrà un peso maggiore rispetto al parere di pochi individui.

Torniamo ora all'esperimento di O'Connor che rappresenta

una ulteriore conferma delle ricerche di Bandura e Cialdini ma introducendo questa volta un filmato come elemento principale, quindi il *"multimediale"* che entra in campo.

O'Connor aveva osservato parecchi bambini della scuola materna, che tendevano all'isolamento mostrando una forte timidezza ed escludendosi quindi dalle attività sociali con i loro coetanei. Lo psicologo riteneva che si stesse formando un modello di isolamento a lungo termine e cercò di capire come invertire questa tendenza. Realizzò quindi un filmato della durata di circa 23 minuti che conteneva 11 scene diverse tra loro e tutte ambientate in una scuola materna. Le sequenze mostravano sostanzialmente un bambino solitario e isolato dal gruppo che osservava le attività svolte dagli altri. Verso la fine di ogni segmento, il bambino si univa finalmente al gruppo provocando la gioia di tutti. A questo punto O'Connor selezionò alcuni bambini tra quelli che manifestavano un senso di isolamento in modo più grave, appartenenti a quattro diverse scuole materne e fece vedere loro il filmato. I risultati furono talmente stupefacenti da sorprendere lo stesso psicologo. I bambini isolati iniziarono subito a interagire con il gruppo a un livello pari a quello di tutti gli altri bambini che non avevano mai manifestato problemi simili, ma una situazione ancora più incredibile fu osservata a sei settimane di distanza dall'esperimento: mentre i bambini che non avevano visto il filmato continuavano a isolarsi, quelli che avevano partecipato alla visione stavano addirittura conducendo, in termini di quantità, le attività scolastiche[5]. Si era prodotta una totale inversione di tendenza, duratura nel tempo, grazie alla singola visione di un filmato di 23 minuti che è stato capace di attivare uno dei principi psicologici più potenti descritti da Cialdini: quello della riprova sociale.

Proviamo ora a fare un altro gioco: quali sono alcuni dei principi fondamentali che vengono veicolati dai film d'azione e di fantascienza di Hollywood?

1. Le autorità e i governi lavorano sempre per il bene del popolo.

2. Politici o poliziotti corrotti sono sempre singole mele marce.

3. Bisogna avere fiducia nelle autorità

---

[5]http://www.takebackyourbrain.com/2007/the-psychology-of-persuasion-social-proof/

4. Bisogna avere fiducia degli esperti

5. C'è sempre un salvatore, un eletto, un messia, in grado di assumere su sé stesso la responsabilità di salvare il mondo mentre il popolo sta a guardare e si prepara a ringraziare. In sostanza, al popolo va tolta ogni responsabilità individuale.

E queste, sono soltanto alcune delle linee guida principali di molti film; sommatele a tutto il resto e fatevi due conti.

9. Una piccola rassegna

L'azione dei media è quella di far accadere le cose piuttosto che di darne conoscenza.
Marshall McLuhan

Nel 2018, su Youtube, è stato pubblicato un video molto interessante; un utente ha realizzato una compilation in cui compaiono una gran quantità di spezzoni tratti da molti film diversi che presentano un elemento in comune: in ognuno di questi spezzoni, la cinepresa inquadra il dettaglio di una mano di uno dei protagonisti che sfoggia un anello massonico rappresentante la squadra e il compasso[1]. Quando ci si trova davanti a una tale quantità di sequenze simili, tutte caratterizzate dallo stesso elemento, la casualità è automaticamente esclusa ma cosa sta tentando di dirci il regista di turno? Che lui stesso appartiene alla massoneria? O che il suo film è un manifesto massonico? È notevole prendere atto di quante pellicole, anche molto famose, esibiscono dettagli simbolici come questi che sfuggono però ai più. Vediamo ora una rassegna di film che per vari motivi sono collegati a operazioni di propaganda esplicite, subliminali, e talvolta misteriose:

"L'esorcista"[2] di William Friedkin – 1973.
William Peter Blatty fu l'autore del romanzo che divenne celebre grazie al film; fu autore anche della sceneggiatura e compare anche come produttore della pellicola. Pochi sanno che Blatty era un agente della Cia e che si era occupato di operazioni di guerra psicologica anche per l'aereonautica degli Stati Uniti. Si laureò alla Georgetown University (che verrà utilizzata anche per le riprese del film), divenne un agente sotto copertura in Libano e si occupò successivamente di guerra psicologica promuovendo un sentimento popolare anticomunista in patria e di politica estera durante la guerra fredda. L'esorcista non esce in un periodo a caso; la fine degli anni 60 porta con sé, una sfiducia nelle autorità. I giovani si disinteressano alla politica e la fine del movimento hippy suscita una deriva anche spirituale di

---

[1] https://www.youtube.com/watch?v=2w3jIEwf28E
[2] https://www.imdb.com/title/tt0070047/?ref_=fn_al_tt_1

scoraggiamento. Blatty si rese conto che un pubblico simile era perfetto per ricevere una potente suggestione e utilizzò tutta la sua esperienza nella guerra psicologica per applicarla al romanzo e di conseguenza alla sceneggiatura che poi verrà realizzata. I messaggi trasversali che lancia l'autore grazie alla sua storia, con grande abilità e suggestione vedono ad esempio la condanna dell'attivismo politico e delle manifestazioni; si concentrano sulla necessità di unione nazionale contro le minacce esterne. Ad esempio, padre Merrin, nel suo ruolo centrale di esorcista osserva: *"...penso che l'obiettivo del demone non sia l'indemoniato; siamo noi... gli osservatori... ogni persona in questa casa. E penso che il punto sia farci disperare, rifiutare la nostra stessa umanità... vederci come in definitiva bestiali, come in definitiva vili e putrescenti, senza dignità, brutti indegni. E qui sta il cuore, forse: nell'inutilità. Perché penso che credere in Dio non è affatto una questione di ragione: penso che alla fine sia una questione di amore; di accettare la possibilità che Dio possa amarci..."*

In definitiva, il messaggio che Blatty lancia con questo film è che la forza spirituale e il credo religioso sono al servizio della politica perché la religione è in grado di attivare una risposta di massa verso una minaccia esterna. In un momento di crisi sociale come quello dell'epoca in cui uscì il film, un sentimento simile poteva rappresentare un potente cemento ideologico per incantare le masse[3]. Con *"L'Esorcista"*, William Peter Blatty stava continuando a lavorare per la CIA.

"Argo"[4] di Ben Affleck – 2012.
La CIA è sempre stata coinvolta con Hollywood e questo legame è diventato molto più forte dopo gli attentati dell'11 settembre 2001, quando la CIA ha aiutato Hollywood nella produzione di film e serie che alimentassero un clima di ansia permanente, che tornava molto utile nella paranoia e nella logica dell'infinita guerra al terrorismo. Ma forse non tutti sanno che vari attori e registi, tra cui Ben Affleck, hanno avuto stretti e duraturi rapporti con l'agenzia di intelligence[5].

---

[3] https://aadl.org/node/197187

[4] https://www.imdb.com/title/tt1024648/?ref_=fn_al_tt_1

[5] https://www.theatlantic.com/entertainment/archive/2016/07/operation-tinsel-town-how-the-cia-manipulates-hollywood/491138/

La cosa strana fu che a molti di questi divi furono aperti gli uffici di Langley; come ricorda l'ex ufficiale della CIA John Kiriakou: *"...Ci si imbatteva regolarmente in una sfilata di tipi di Hollywood, tra cui Harrison Ford e Ben Affleck. Ci si chiedeva spesso perché a questi attori fosse permesso di passeggiare in una struttura top secret..."*[6]

Grazie a questo rapporto privilegiato, Ben Affleck realizza *"Argo"*, da lui interpretato e diretto. Ispirato a una storia vera, il film racconta di come la CIA ha salvato diversi ostaggi americani a Theran grazie all'opera di un agente che ha creato una falsa società di produzione cinematografica fingendo di girare un film di fantascienza in Iran. La pellicola di Affleck ha anche ottenuto il permesso (prima pellicola a riuscirci in 15 anni) di girare gli interni nei veri uffici di Langley. Il film è un thriller in stile *"Mission Impossible"* e dipinge l'Agenzia sotto una luce estremamente positiva. L'ex ufficiale della CIA Robert Baer, ha fatto notare che il film non ha alcuna attinenza con quanto accaduto in realtà, ma avendo vinto 3 oscar tra cui quello per miglior film e avendo incassato oltre 230 milioni di dollari al botteghino, ha rappresentato probabilmente l'operazione di propaganda di maggior successo condotta dalla CIA[7].

"13 reason why"[8] Serie TV – 2017/2020.

In *"Sub Limen - La tua vita è un inganno"*, ho descritto le ricerche sull'effetto Werther, chiamato anche *"Copycat Effect"*, che mostrava, tra le altre cose, come la comunicazione dei media poteva influire nei casi di suicidio. Questa volta parliamo di *"effetto Werther"* attraverso la fiction e quindi ottenuto grazie a un prodotto di intrattenimento, come fu per il caso del romanzo: *"I dolori del giovane Werther"* che provocò un'ondata di oltre 2000 suicidi[9].

La serie *"13 reason why"* lanciata da Netflix, racconta la storia di una giovane ragazza che si suicida lasciando 13 nastri che spiegano le ragioni del suo gesto. La serie è volutamente orientata a un pubblico di adolescenti e preadolescenti, nonostante la tematica oscura ed è stata lanciata il 31 marzo del 2017. Ciò che è accaduto

[6]Ibidem

[7]Ibidem

[8]https://www.imdb.com/title/tt1837492/?ref_=fn_al_tt_1

[9]https://it.wikipedia.org/wiki/I_dolori_del_giovane_Werther#Influenza_culturale

subito dopo è davvero inquietante; uno studio supportato dal NIH (National Institute of mental Health – Ndr) ha evidenziato che la serie è stata associata a un aumento del 28,9% di suicidi tra i giovani americani di età compresa tra i 10 e i 17 anni avvenuti durante il mese successivo dalla messa in onda della serie[10]. I ricercatori hanno preso in considerazione i tassi di suicidio di ogni singolo mese negli ultimi 5 anni, rilevando che i suicidi nell'aprile del 2017 sono stati di gran lunga superiori. Per ottenere ulteriori conferme, i ricercatori hanno incrociato altri dati, tra cui le morti per omicidio, le situazioni sociali e ambientali. Ovviamente non è stato possibile dimostrare in modo incontrovertibile un nesso di causalità, perché non è possibile sapere quanti di questi ragazzi che si sono suicidati hanno effettivamente seguito la serie, ma i risultati, per quanto provvisori, sono comunque indicativi essendo strettamente legati al periodo in cui la serie è stata trasmessa. Recentemente è stato pubblicato un nuovo studio da parte della JAMA Psychiatry che sostanzialmente conferma i risultati di quello del NIH[11].

"Ritorno al futuro" di Robert Zemeckis – Trilogia 1985/1990.
Torniamo a parlare di programmazione predittiva legata agli eventi dell'11 settembre 2001. La celebre trilogia di *"Ritorno al futuro"*, presenta molte strane coincidenze che sembrano suggerire una comunicazione intenzionale attraverso le immagini e i simboli. Molti possono pensare a semplici coincidenze anche se, come abbiamo visto in precedenza, la quantità di suddette *"coincidenze"* rappresenta una firma di intenzionalità. Ma in ogni caso, comunque la si pensi, nell'opera di Bob Zemeckis c'è un indizio talmente chiaro e intenzionale che mette a tacere le affermazioni secondo cui, i riferimenti all'11 settembre 2001 e alle torri gemelle presenti nella trilogia di *"Ritorno al futuro"*, sono invenzioni partorite dalla fantasia delle persone che vogliono vedere complotti inesistenti adattando la realtà alle proprie convinzioni. Prima di arrivare a questo importante e inequivocabile messaggio che ci lancia il regista però, vediamo quali sono i riferimenti presenti nella trilogia:

---

[10]https://www.nimh.nih.gov/news/science-news/2019/release-of-13-rea-sons-why-associated-with-increase-in-youth-suicide-rates
[11]https://jamanetwork.com/journals/jamapsychiatry/article-abstract/2734859

Il primo riguarda la torre dell'orologio; all'inizio del film Marty McFly, interpretato da Michael J. Fox, viene esortato da un'attivista a salvare la torre dell'orologio che fu colpita da un fulmine nel 1955. Il riferimento alla *"torre"* è interessante perché l'edificio sembra più un municipio ma ci si rivolge ad esso sempre come alla *"torre"*. Inoltre, il fatto che sia stata colpita da un fulmine, richiama nella simbologia dei Tarocchi la carta della torre, che è appunto rappresentata graficamente da una torre che si spezza nella parte superiore mentre viene colpita da un fulmine. Cosa possiamo dire del simbolismo associato a questa carta?

"...Nella lettura dei tarocchi questa carta preannuncia al consultante qualcosa di molto forte, in grado di scombussolare l'esistenza, e d'improvviso. Come tutti gli Arcani Maggiori... ...La torre è però anche una risoluzione, uno sblocco improvviso di una situazione che fino a poco primo sembrava immutabile. In questo senso la carta può essere positiva, la risoluzione di un problema, oppure negativa, un avvenimento catastrofico che scombussola la quotidianità... ...La torre è il fondo del pozzo, il cambiamento radicale che deve essere accettato per lasciare che si presenti la risoluzione... ...Gli individui rappresentati dalla torre sono solitamente persone ribelli e intraprendenti che entrano nella vita degli altri in maniera improvvisa e, proprio come un uragano, portano con sé enormi sconvolgimenti, nel bene o nel male..."[12]

A questa allegoria simbolica se ne associa un'altra; alle spalle dell'attivista che esorta McFly a salvare la torre, si vede un'insegna che rappresenta il simbolo esoterico dell'occhio che tutto vede.

Foto 37

[12]https://it.wikipedia.org/wiki/La_Torre_(tarocchi)#Simbolismo

Arriviamo ora alla sequenza della macchina del tempo; Marty arriva al centro commerciale *"Twin Pines Mall"* (Centro commerciale dei pini gemelli - Ndr) all'una e sedici del mattino. Molti vedono nei pini gemelli una metafora delle torri gemelle situate anch'esse in un centro commerciale, il World Trade Center (Centro commerciale mondiale – Ndr). Ruotando l'orario (nella simbologia si utilizzano spesso le inversioni, vedi la croce rovesciata, la svastica invertita, etc.) possiamo leggere 911, che, come abbiamo detto, è il modo in cui gli americani ricordano e datano quell'evento.

Foto 38

Poco dopo, il dottor Brown, mostra due orologi che ripropongono nuovamente il 911.

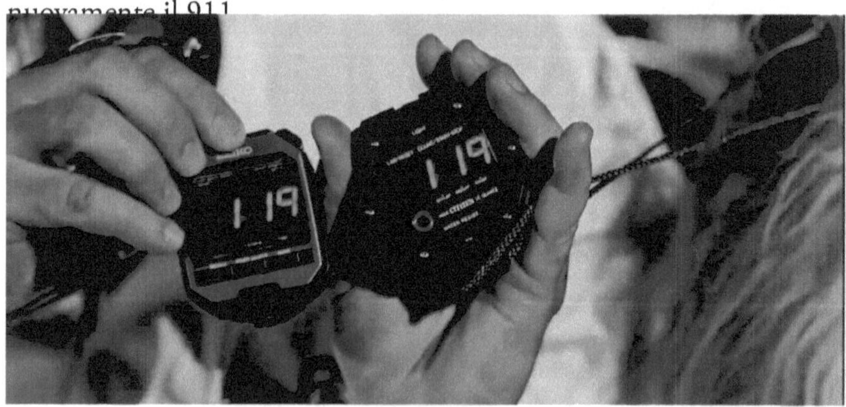

Foto 39

Il centro commerciale viene poi attaccato da due terroristi arabi.

Foto 40

Quando Marty fugge con la macchina del tempo, finisce nella fattoria del proprietario dei pini che ha, nel suo giardino, due pini gemelli. Quando vede la macchina del tempo dice: *"Sembra un aeroplano senza ali"*. Subito dopo, McFly fugge nuovamente centrando e abbattendo con il suo aereo senza ali uno dei pini gemelli. Quando Marty tornerà al futuro per rivivere la scena dell'attacco terroristico, il cartello del Twin Pines Mall è cambiato in: *"Single pine Mall"* e questo sembra un altro richiamo metaforico alla scomparsa delle torri gemelle che sono state sostituite da una singola torre.

Foto 41

Ma è nel secondo film della saga che il regista sembra collegare direttamente i pini alle torri gemelle; quando Marty va nel futuro si sposta nel tempo fino all'ottobre del 2015 (tenete a mente questa data). Nella sua futura casa è presente uno schermo gigante che mostra nuovamente l'immagine di due pini gemelli; questa immagine cambia ed è sostituita da un'altra raffigurante le torri gemelle e perché non ci siano dubbi sulla collocazione della scena (il palcoscenico di New York), nel salotto, in primo piano, vediamo la fiaccola della Statua della Libertà.

Foto 42

Foto 43

In questa sequenza, il padre di Marty Mcfly assiste alla proiezione appeso a testa in giù. Il regista Bob Zemeckis, afferma che fu fatta quella scelta per rendere irriconoscibile l'attore, dato che Crispin Glover, che aveva interpretato il papà di Marty nel primo film, non aveva raggiunto un accordo finanziario venendo così escluso dalle riprese e costringendo la produzione a trovare un sostituto. Però vista la simbologia presente, questo non esclude che il regista suggerisca

124

al pubblico di osservare la sequenza dal punto di vista dell'uomo sottosopra. Ribaltando la sequenza, infatti, il disturbo video che appare sullo schermo, ci fa assistere a una rappresentazione del crollo delle torri gemelle[13].

Tornando al primo film, alla fine, quando Marty ritorna al suo tempo, subito dopo che il fulmine ha colpito la torre, le tracce infuocate delle ruote disegnano idealmente le due torri in fiamme e un'insegna sulla sinistra che assomiglia al numero 9, ci mostra ancora una volta una scena la cui composizione forma il numero 911.

Foto 44

Se tutte queste vi sembrano forzature determinate da una mente fertile, è il momento di rivelare l'indizio inserito di proposito dal regista che ci dà la conferma del collegamento di tutti questi simboli con le torri gemelle.

Procediamo con ordine: nel primo film, Marty cerca di avvertire Doc degli eventi futuri che metteranno in pericolo la sua vita scrivendogli una lettera. Quando Doc trova la lettera e chiede a Marty di cosa si tratta lui risponde: *"Lo scoprirai tra trent'anni"*. Ora, dal punto di vista di Marty che si trova nel 1955 i trent'anni equivalgono al 1985, anno in cui è stato ambientato e girato il film, ma dal punto di vista dello spettatore che si trova già nel 1985, gli eventi futuri saranno scoperti nel 2015. Curiosamente, nel secondo film, quando

---

[13]https://www.youtube.com/watch?v=P1ULjJ3EqyY

Marty va nel futuro, approda nell'ottobre del 2015 e l'ottobre del 2015 è il periodo in cui viene distribuito il film di Robert Zemeckis: *"The Walk"*[14]. La pellicola narra la vera storia del funambolo francese Philippe Petit, che nel 1974 compie l'impresa di attraversare le torri gemelle tendendo un cavo tra i due edifici. Zemeckis sceglie un attore rassomigliante a Michael J Fox e decide di vestirlo nello stesso modo in cui è vestito Marty McFly (una maglietta rossa e un giubbotto di pelle nero) quando, nel secondo episodio di ritorno al futuro, torna dal 2015 e si presenta a Doc nel 1955 che lo ha appena rispedito nel suo tempo. Questa scelta non può certo essere casuale. Marty attraversa simbolicamente le torri in fiamme nell'inquadratura che compone anche il numero 911, dove la torre è collegata a un cavo, e un altro Marty, somigliante e vestito uguale, attraversa le torri unite da un cavo nel film del 2015. Con il film *"The Walk"*, Zemeckis ci sta dicendo che sì, i collegamenti alle torri gemelle nella trilogia di ritorno al futuro erano intenzionali.

Foto 45

Roberto Quaglia, nel suo saggio *"Il fondamentalismo Hollywoodista"* ce lo spiega così:

"...Marty McFly scompare dal film Back to the future 1 in virtù del fatto che Doc è riuscito tempestivamente a percorrere (scivolando) il suo cavo d'acciaio collegato alla torre dell'orologio, e all'atto di scomparire Marty disegna un "11" fiammeggiante sull'asfalto, generando sullo

---

[14]https://www.imdb.com/title/tt3488710/?ref_=fn_al_tt_1

126

schermo la scritta 9/11 (grazie all'insegna presente a sinistra Ndr)...
...E poi (virtualmente un attimo dopo, in pratica nel film successivo),
Marty ricompare nel film Back to the future 2 correndo in mezzo a
quello stesso "11" fiammeggiante, subito dopo essere riuscito a percorrere
(camminando), il suo cavo d'acciaio teso tra le torri gemelle nel film The
Walk nel 2015. Prova ne è il fatto che indossa ancora lo stesso abito.
Quindi, sul piano simbolico, ci possono essere pochi dubbi che Marty McFly,
balzando avanti e indietro nel tempo nei vari film della trilogia, coglie
anche l'occasione per apparire in un quarto film dello stesso regista, The
Walk, girato trenta anni dopo l'originale Back to the future, film ove egli
cammina sul filo teso che collega le torri gemelle e così facendo oggettivizza
il legame immaginato fra i due temi... Film che permette allo spettatore
di scoprire i nessi di Back to the future con l'11 settembre. Ed è quindi
proprio questo incontrovertibile ed elaborato nesso che collega la trilogia
di Back to the future al film The Walk: l'elemento chiave che conferma
che gli incredibili simboli che paiono riferirsi all'11 settembre presenti in
Back to the future devono essere proprio i simboli che paiono essere, e non
solamente il frutto della nostra immaginazione. La possibilità che tali
nessi siano solo una coincidenza sfida qualsiasi legge della probabilità..."[15]
La scelta del regista, infatti, è talmente esplicita che crea ulteriori
collegamenti: ad esempio, nel secondo episodio, quando ci troviamo
nell'anno 2015 e lo schermo gigante a casa di Marty mostra
l'immagine delle torri, la famiglia McFly e il pubblico in sala, sta
quindi assistendo a un film sulle torri in quell'anno, il film *"The
Walk"*, in cui il funambolo Marty attraversa i grattacieli grazie a un
cavo collegato tra loro così come la torre dell'orologio viene collegata
a un cavo per convogliare il fulmine.
Le ultime due note interessanti della trilogia riguardano:
1. I viaggi nel tempo dell'automobile Delorean; quando Marty fugge
dal suo tempo nel primo film, l'auto scompare un attimo prima
di schiantarsi contro un chiosco che vende pellicole. Quando poi
torna indietro alla fine del film, scompare prima di entrare in un
cinema. Anche nel terzo episodio, quando compie il viaggio che lo
porterà nel Far West, la Delorean si sta dirigendo verso uno schermo
cinematografico all'interno di un drive-in. Come afferma il regista,

---

[15]Roberto Quaglia – "Il fondamentalismo hollywoodista - 2019

il drive-in fu costruito appositamente per il film; c'è di conseguenza la volontà di creare questo collegamento simbolico tra la fiction a cui stiamo assistendo e la necessità di andare oltre lo schermo, o di attraversare il portale rappresentato dallo schermo, dalla pellicola, dal luogo della finzione. Andare oltre può trattarsi certamente di una metafora artistica, ma visti tutti i vari indizi a eventi reali disseminati nel film, rappresenta quantomeno una scelta curiosa.

2. In una scena eliminata, rintracciabile nei contenuti speciali dell'edizione su disco, in cui si vede la morte/scomparsa di Biff dopo che ha alterato il futuro e che, a detta degli autori è stata tolta perché, durante le proiezioni test, avevano perduto il pubblico che non riusciva a capire perché Biff scomparisse dall'esistenza, si vede una targa che riporta nuovamente il numero 911.

"Contact"[16] di Robert Zemeckis – 1997.
Contact è un film molto bello, realizzato sempre dal regista di *"Ritorno al futuro"*, che non ha però riscosso un grande successo. Basato su un romanzo dell'astrofisico Carl Sagan, riflette sui temi della fede e del pensiero critico scientifico. Come al solito si tratta di un film che utilizza molte simbologie e metafore, oltre ad alcuni temi ricorrenti della propaganda come il fatto che le autorità e i governi lavorano comunque per il bene dei popoli mentre, i sovversivi più pericolosi sono sempre dei cittadini anonimi e psicopatici che mettono in dubbio l'autorità del sistema. A parte questo, però, c'è una tematica molto interessante che il regista affronta nel film e che confessa in un suo commento che può essere ascoltato nella versione in DVD della pellicola. Ricordiamoci che negli anni '90 ci troviamo all'alba della tecnologia CGI, le immagini digitali e l'uso dei computer applicato per generare effetti speciali sempre più sofisticati e credibili al cinema. Zemeckis aveva già sperimentato tecniche di elaborazione digitale nel suo film precedente: *"Forrest Gump"*[17] in cui faceva interagire il personaggio principale, interpretato da Tom Hanks, con vari personaggi storici presenti in filmati autentici.
In *"Contact"*, il regista utilizza come attore il vero presidente degli

---

[16]https://www.imdb.com/title/tt0118884/?ref_=fn_al_tt_2
[17]https://www.imdb.com/title/tt0109830/?ref_=fn_al_tt_1

Stati Uniti: Bill Clinton; operando un montaggio accurato di alcuni discorsi e filmati dell'ex Presidente, riesce a fargli dire cose che sembrano scritte proprio per il film e in una sequenza in particolare, con un'abile messa in scena grazie a un attore e all'immagine del vero presidente che compare sugli schermi televisivi, riesce a dare l'impressione che Bill Clinton abbia davvero partecipato al film e si trovi sul set con la troupe. Nel commento di cui parlavo, Zemeckis parla di questa sequenza evidenziando come la tecnologia aveva ormai raggiunto un livello in cui era possibile far credere al pubblico qualsiasi cosa e di conseguenza come, anche una conferenza stampa del presidente, possa essere facilmente falsificata in diretta con attori e filmati originali manipolati.

"2012" di Roland Emmerich – 2009.
Il regista tedesco, approdato a Hollywood, ha sempre realizzato pellicole spudoratamente di propaganda e questa pellicola, uscita sull'onda del grande risalto mediatico dedicato all'avvicinarsi del 2012, anno secondo alcuni predetto dai Maya come la fine del mondo conosciuto, non fa eccezione. In realtà questa interpretazione è stata piuttosto arbitraria perché l'unico dato a disposizione riguardava il fatto che il calendario Maya si fermasse a quella data. Ma sembra quasi che i media si siano divertiti in una delle loro operazioni psicologiche di massa, dando grande risalto a ogni notizia del genere e amplificandone i toni per suggestionare le masse. Si potrebbe quindi dire che Hollywood, sempre pronta a sfruttare un buon affare, abbia approfittato del fermento attorno a questo tema che girava abbondantemente in rete e tra i social network, per finire poi sui giornali e in TV, per cavalcare l'onda con l'ennesimo blockbuster catastrofista. La cosa certa che il regista e la produzione non hanno perso l'occasione per confezionare l'ennesimo prodotto pensato per indottrinare il pubblico diffondendo la propaganda delle élite. Come al solito, questo tipo di film fa leva sulle paure ataviche e ancestrali che fanno parte di ognuno di noi. Abbiamo già visto quanto la paura è un'emozione potente utilizzata per manipolare le masse; ma la cosa interessante di questo film è il messaggio esplicito che passa come una sorta di destino inevitabile che va accettato. Parlo del fatto che la pellicola esprime chiaramente il

concetto che se dovesse capitare qualcosa di terribile, come gli eventi prospettati nel film, potrebbero salvarsi soltanto i ricchi e potenti che appartengono all'élite, mentre tutti gli altri sfigati, la gente comune, sarebbe destinata a morire. Questa è una dichiarazione di superiorità alquanto spudorata e arrogante che sta comunicando al pubblico chi sono i prescelti a cui sarà affidato il futuro dell'umanità e si tratta di un caso curioso, perché solitamente questi messaggi vengono veicolati in modo più sottile e non così esplicito. Oltre alla retorica che caratterizza tutto il genere e cioè le risposte politiche impopolari, ma necessarie, che i governi prendono e che le masse devono accettare, in questo film veniamo a conoscenza di un fatto inquietante: ciò che scoprono gli scienziati e cioè che al mondo resta poco tempo, è un'informazione che la classe dirigente conosce già da molti anni e infatti si sta preparando in gran segreto da lungo tempo costruendo delle moderne *"Arche"* supertecnologiche in grado di garantire agli eletti la sopravvivenza. Tutte le persone più potenti del mondo sono a conoscenza di questo piano segreto e possono acquistare un biglietto per la crociera di lusso, al modico prezzo di un miliardo di euro. Tutti gli altri sono esclusi e questo fa ovviamente parte del piano; in questa narrazione vengono veicolati i messaggi relativi alla necessità di una depopolazione. Un'altra operazione di indottrinamento si manifesta quando assistiamo alle proteste del popolo davanti alla sede di una riunione del G8; le masse sono in rivolta e in accordo con il pensiero di vari personaggi come Bernays, Lippman, Hamilton e Madison[18], vengono dipinte come stupide e violente. Queste sequenze sono funzionali nel convincere il pubblico che, tutto sommato, le élite fanno bene a comportarsi in un certo modo, nascondendo la verità, perché la gente è stupida. Si cerca cioè di portare il pubblico dalla parte del pensiero dell'élite. Fateci caso, avete mai notato il tenore dei commenti sui social, quando si legge una notizia relativa a una situazione drammatica che esibisce la stupidità o la cattiveria impunita di quelli coinvolti? Le frasi più gettonate sono simili a: *"Ci vorrebbe un bel meteorite"*, *"Meritiamo l'estinzione"* etc. etc. etc. Credete davvero che questa forma mentis non ci sia stata inoculata attraverso anni di indottrinamento?

---

[18]Sub Limen - La tua vita è un inganno – Federico Povoleri – PlaceBook 2020

Per tornare al nostro contenitore di propaganda che distrae e annebbia le menti con mirabolanti effetti speciali, a un certo punto ci viene mostrato come, vari personaggi riescano a scoprire i piani segreti dell'élite e decidano quindi di fare il possibile per avvisare l'umanità; peccato che vengano tutti eliminati e messi a tacere prima che riescano nei loro propositi. Il primo di questi personaggi è il direttore del Louvre di Parigi, che subisce un misterioso incidente automobilistico in un tunnel che, fatto assai curioso, richiama alla memoria il vero incidente in cui perse la vita Lady Diana. Una sottile allusione?

Curioso poi il fatto che uno speaker radiofonico e teorico della cospirazione, conosca effettivamente tutta la verità ma, nonostante questo, venga dipinto come una persona ai margini, folle e poco raccomandabile. Degne di nota anche due sequenze molto simboliche: quando gli elementi si scatenano e iniziano a distruggere il pianeta, possiamo vedere il crollo della statua del Cristo Redentore in Brasile e il crollo della basilica di San Pietro in Vaticano che uccide centinaia di fedeli. Nella Cappella Sistina si apre una crepa proprio tra la mano di Dio e quella di Adamo, nel celebre dipinto di Michelangelo.

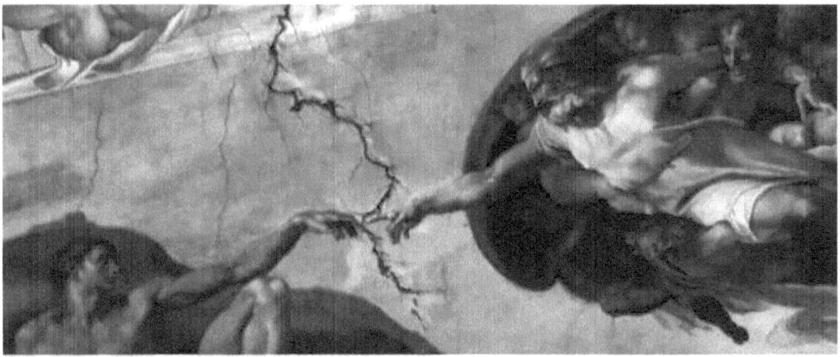

Foto 46

Il tutto sembra un'allegoria volta a mostrare la fine della Chiesa e della Cristianità; successivamente anche le altre religioni spariranno perché i sopravvissuti che daranno l'avvio a un nuovo mondo e a un: *"Nuovo Ordine Mondiale"* (auspicato da anni, nel mondo reale, da presidenti, politici e papi) daranno vita anche a una unica religione condivisa, che secondo molti osservatori e filosofi sarà di stampo luciferino[19].

Vorrei a questo punto ribadire un concetto: questo testo si occupa di propaganda e non di teorie del complotto. A prescindere dalle vostre convinzioni o credenze, queste ideologie sono presenti e diffuse attraverso questi mezzi in modo massiccio, come abbiamo visto fin qui. Una volta che conoscete la simbologia utilizzata, inizierete a vederla dappertutto nei film e in molte opere di intrattenimento. Per fare un parallelo, ha poca importanza che Hitler avesse ragione a credere nell'occultismo o fosse semplicemente un folle, perché di fatto, lui e la sua cricca utilizzarono massicciamente la simbologia esoterica, che a sua volta ebbe un impatto notevole sulle masse. Di conseguenza, non è necessario credere alle pratiche esoteriche per capire che molte persone appartenenti alle classi dirigenti ci crede e utilizza di continuo immagini simboliche che, facendo leva su archetipi a cui siamo tutti sensibili, hanno un effetto di assoggettamento delle masse. Anche i Faraoni dovevano convincere il popolo di essere delle divinità, affinché il loro potere non venisse mai messo in discussione. Riempire di ritualità e simbologia ogni azione o programma realizzato da questi personaggi, può far parte sia di una fede da parte di chi ci crede, ma può benissimo essere anche parte di una strategia per apparire come esseri superiori agli occhi della gente comune; detentori di conoscenze e arti oscure, capaci di trasmettere un senso di onnipotenza e invincibilità. Anche il nazismo si basò sulla grande suggestione che i loro rituali e la loro simbologia evocava nelle masse. E cosa c'è di meglio al giorno d'oggi per diffondere a macchia d'olio grandi suggestioni se non il pervasivo intrattenimento fatto di cinema, videogiochi, TV, musica etc.?

Che ci sia del vero o meno in queste pratiche e in queste credenze non sta a questo libro stabilirlo, perché è sufficiente prendere atto del fatto che chi ha il controllo di questi mezzi, evidentemente ritiene necessario sommergerci e bombardarci quotidianamente con questi simboli.

Il Guardian, ad esempio, dedica un ampio articolo a un film documentario presentato al Sundance Film Festival, in cui si vuole

---

[19]http://www.accademianuovaitalia.it/index.php/esoterismo-e-focus/mistero-e-tra-scendenza/2228-religione-dell-uomo-luciferino

riabilitare il satanismo dimostrando che si tratta di una religione che abbraccia i diritti di tutti e mostra empatia e compassione a differenza delle altre religioni che sono violente e contro i diritti delle minoranze. Il film si intitola *"Hail Satan?"*

Foto 47

Foto 48

La chiesa satanista, fondata da Anton Lavey[20], ha molti adepti in America anche tra personaggi influenti e famosi e di conseguenza

---

[20]https://en.wikipedia.org/wiki/Anton_LaVey

133

ci si può aspettare che direttamente o indirettamente, come le varie associazioni di cui abbiamo parlato, ci siano numerosi personaggi con la capacità di influenzare le produzioni cinematografiche.

"Salvate il soldato Ryan"[21] di Steven Spielberg – 1998.

La pellicola mostra, con un realismo e una crudezza tale da superare ogni precedente modello cinematografico, lo sbarco in Normandia, che occupa circa 20 minuti di film e risulta davvero insostenibile per l'efferatezza e il senso di angoscia trasmesso dalle immagini. La successiva storia di un plotone inviato a salvare un singolo soldato nel fronte interno non è da meno. Spielberg, in questo film, mette in pratica tutte le tecniche cinematografiche capaci di creare potenti suggestioni e shock emotivi e le abbina a vari studi di sociologia militare sui quali si documenta prima di girare. Negli Stati Uniti il film provoca un incredibile shock emotivo; vengono riportati centinaia di casi di svenimenti in sala e crisi nervose a danno dei veterani che assistono alla proiezione[22]. Il pentagono è addirittura costretto ad aprire d'urgenza un numero telefonico e un servizio di sostegno psicologico per rispondere alle migliaia di chiamate di ex combattenti a cui il film ha risvegliato sentimenti di profonda sofferenza e disperazione[23].

Il livello di realismo, esibito nella pellicola, fa drizzare le antenne ai vertici dell'esercito che si rendono improvvisamente conto che il cinema ha messo a punto tecniche di simulazione superiori alle loro. Accade così che tra il 1998 e il 1999, i contatti tra l'US Army, L'US Navy e Hollywood, vengano moltiplicati e intensificati. Il risultato di tutto questo è che molti Studios siglano contratti miliardari con le Forze Armate, in cui si impegnano a sviluppare nuove tecniche di addestramento e simulazione che verranno utilizzate dai militari e successivamente restituite agli Studios che potranno inserirle nei film[24]. Da quel momento, i militari riconoscono che il condizionamento delle reclute è sempre più forte. Hollywood, in quanto a manipolazione ha superato anche l'esperienza delle Forze Armate.

---

[21] https://www.imdb.com/title/tt0120815/?ref_=fn_al_tt_1

[22] Hollywood il pentagono e Washington – Jean Michel Valantin – Fazi Editore 2005

[23] Ibidem

[24] Ibidem

"Eyes Wide Shut"[25] di Stanley Kubrick – 1999.

Torniamo a parlare di Stanley Kubrick con un'analisi del suo ultimo film. In una logica di opposizione alla volontà di manipolazione delle masse, il cinema di Kubrick ricopre un ruolo, come abbiamo visto, piuttosto importante. I suoi film tendono a svelare la padronanza delle tecniche cinematografiche esibita dal maestro, pur non sottraendosi alla manipolazione delle emozioni, all'inserimento di simboli e metafore e all'uso di veri e propri messaggi subliminali, sembra indirizzata in un'ottica non funzionale al sistema. Alla proiezione per i dirigenti della Warner, una settimana prima della sua morte, Kubrick si confidò con un produttore affermando che si trattava del suo miglior film. Certamente si è trattato del più esplicito nell'esporre i segreti e le pratiche del potere. Riuscì anche ad affittare una villa di proprietà della famiglia Rotschild per girare la celebre sequenza dell'orgia rituale; come a dire che espose i segreti inconfessabili delle élite negli stessi luoghi in cui venivano effettivamente consumati. Secondo molti osservatori, la pellicola arrivata al cinema presenta degli errori grossolani di montaggio ed è curioso il fatto che proprio a Steven Spielberg fu affidato il compito di *"completare"* il montaggio del film. Non sapremo mai se nelle sale arrivò una versione epurata da alcune sequenze, forse troppo rivelatrici, ma resta il fatto che ci troviamo davanti a un'opera che per i primi anni è rimasta totalmente incompresa e che oggi, grazie alla circolazione delle informazioni sulla rete, rivela una realtà inquietante che Kubrick conosceva certamente bene.

Giuseppe Rausa è uno storico della musica e del cinema che ha realizzato un pregevole lavoro di analisi dell'intera opera cinematografica di Kubrick. Per sua gentile concessione, riporto qui la sua analisi relativa a Eyes Wide Shut, che è illuminante per capire come il cinema, attraverso le sue varie discipline (pensiamo soltanto al fatto che per sottolineare la presenza ossessiva del potere che sovrasta le vite degli ignari cittadini, Kubrick utilizza in molte scene una dominante rossa, bianca e blu, i colori della bandiera americana, simbolo dell'impero), veicola messaggi e suggestioni.

[25] https://www.imdb.com/title/tt0120663/?ref_=fn_al_tt_1

Consiglio, visti anche i numerosi rimandi presenti nel testo, di leggere anche le altre analisi di Rausa sui film realizzati dal regista e che potete trovare a questo indirizzo:
http://www.giusepperausa.it/kubrick_online.html

Scopriamo allora, i segreti di Eyes Wide Shut:

Eyes Wide Shut: la magia del Potere e la logica del desiderio (di Giuseppe Rausa)

"Chi credi che fossero quelli là? Non era mica gente qualsiasi. Se ti dicessi i loro nomi, e non te li dico, ma se te li dicessi non dormiresti più tranquillo"
(Victor Ziegler, dialogo finale)

"Il sacrificio cruento, sebbene sia più pericoloso, È più efficace"
(A. Crowley, Magick)

"La donna si esaurisce tutta nella vita sessuale, nella sfera dell'accoppiamento e della riproduzione, nelle relazioni il cui oggetto è il maschio o il figlio".
(O. Weininger, Sesso e carattere)

L'ultimo film dell'artista, un progetto accarezzato già negli anni Settanta, completa la trilogia americana. In particolare, esso si lega al primo pannello, *"Shining"*, di cui per alcuni aspetti risulta una replica:

136

una famiglia in crisi, il contatto con ambienti misteriosi e potenti, la tragedia che ne consegue. Forse *"Shining"* è stato girato da un Kubrick che non osava ancora affrontare l'argomento di petto: all'Overlook (il nome dell'Hotel di Shining Ndr) tutto è celato dietro simboli. In *"Eyes Wide Shut"* invece niente è nascosto, a partire dal titolo: occhi-spalancati-chiusi, un titolo radicalmente modificato rispetto a quello del racconto (Traumnovelle, Doppio sogno, 1926), del quale Kubrick si limita a mantenere il traliccio narrativo, ampliandolo con figure (Ziegler) e situazioni (il rituale magico che apre l'orgia) inesistenti in Schnitzler. Gli occhi che vedono e al tempo stesso non vedono sono quelli di Bill e di Alice, della gente comune; sono anche gli occhi chiusi che faticano a riaprirsi della *"serva"* Mandy, come quelli bendati (che qualcosa vedono e hanno intuito) di *"Nightingale"*. Occhi che qualora divengono troppo *"aperti"*, come nel caso del pianista e della ragazza, vengono chiusi per sempre con *"l'esilio"* (Nightingale viene rispedito a Seattle, all'altro capo degli USA, la stessa città verso cui fuggiva, sempre partendo da una New York *"natalizia"*, un altro loser kubrickiano, il pugile sconfitto di Killer's Kiss[26]: entrambi i film raccontano di una coppia qualsiasi che, per caso, entra a contatto con un universo spaventoso, dominato dalla violenza; inoltre le due pellicole sono collegate dalla presenza dei manichini, simboli di quella *"gente comune"* che vede senza vedere) o con la morte (il sacrificio rituale di Mandy).

"Eyes Wide Shut" è ambientato ora nella capitale dell'impero, New York. Non allude al Potere, lo mostra nella sua enigmatica brutalità. Il *"terzo livello"* (si veda quanto detto intorno ai tre livelli dell'ordine sociale nel capitolo precedente) veniva disegnato con maschere astratte in *"Shining"*; seppure lontana, la sua ferrea presenza si intuiva negli ordini che giungevano perentori in *"Full Metal Jacket"*[27], in quel Vietnam posto ai confini dell'impero; ora esso appare, dapprima alla festa di Ziegler, poi nell'orgia e infine nel dialogo *"esplicatore"* che gela *"l'accecato"* Bill. Il film si compone di cinque parti perfettamente equilibrate, introdotte da un prologo e concluse da un epilogo, entrambi puramente familiari. La prima (la festa), la terza (la

---

[26]https://it.wikipedia.org/wiki/Il_bacio_dell'assassino

[27]https://it.wikipedia.org/wiki/Full_Metal_Jacket

cerimonia) e la quinta parte (il dialogo) sono i luoghi in cui appare il Potere, mentre la seconda e la quarta iniziano con due confessioni di Alice e proseguono con due odissee di Bill. Risulta ovvio che la prima e la terza parte sono la continuazione diretta di situazioni già presenti all'Overlook; perfino l'elegante commento musicale, fatto di classiche e suadenti canzoni della tradizione americana è il medesimo, mentre la composizione di alcune immagini ricalca suggestivamente quelle della Golden Room. Si era notato allora il carattere massonico e perfino satanico prevalente nella sinistra setta che perseguitava i Torrance; tali caratteri si ripetono sottolineati con sorprendente audacia. Nel cuore del film, allorché Bill entra nel castello *"incantato"* (ancora un castello probabilmente settecentesco, la cui antica solennità allude alla stretta continuità tra i dominatori di un tempo e le moderne aristocrazie che ora lo popolano, al di là di ogni illusoria concezione democratica; esso rimanda inoltre alla sontuosa dimora di Paths: in entrambi i film il castello rappresenta il luogo del Potere e in entrambi una festa e un dialogo risolutore in un'elegante biblioteca sciolgono i nodi del racconto), assiste a una cerimonia di sapore satanico: mentre risuonano solenni e oscure litanie (se ne sentivano anche all'Overlook), un celebrante consacra con l'incenso alcune *"sacerdotesse"* del piacere (la loro statuaria nudità rimanda al corpo nudo di Alice mostrato nel prologo: l'evoluzione della protagonista verso un'agognata libertà sessuale si muove in quella direzione, come dimostrerà il suo perverso sogno) e le invia come *"apostoli"* a diffondere il verbo tra gli adepti, a soddisfare ogni loro bramosia, mentre la magnifica colonna musicale evoca il salmodiare e i molli melismi di una religiosità antica e di sapore orientale: tutto insomma appare una caricatura del cristianesimo, un suo rovesciamento. I potenti partecipano all'orgia mascherati e silenziosi (in ossequio alla celebre regola del silenzio e del segreto dell'Ordine), perfettamente padroni di sé (caratteristica precipua, come si è spesso notato, della *"razza padrona"*), spesso semplici spettatori, altrove energici attori. La musica, che contiene le tipiche, inquiete fasce sonore (fasce presenti in tanto cinema kubrickiano, da 2001 Odissea nello spazio a *"Shining"* a *"Full Metal Jacket"*, con un preciso significato già ampiamente commentato), raddoppia il mistero e allude alla segreta presenza delle emanazioni luciferine del nero monolito in questo castello. Né può sfuggire che la parola d'ordine per accedere in esso non è più *"Danimarca"* (come nel libro di Schnitzler), bensì *"Fidelio"*, ovvero un'opera espressione degli ideali di libertà e fratellanza delle Logge. Il titolo completo dell'opera beethoveniana è però Fidelio oder Die Eheliche Liebe (Fidelio o l'amore coniugale): la scelta di questa parola d'ordine suona quindi beffarda, in quanto connessa esattamente al suo contrario (qualcosa di simile accadeva con il coro schilleriano della Nona sinfonia, ancora di Beethoven, in A Clockwork Orange); Kubrick rivela inoltre il carattere illusorio degli ideali della massoneria (uguaglianza e fratellanza a parole; nei fatti una rigida gerarchia che separa le élite del potere dai semplici *"soldati"* o apprendisti), indica il cinismo della setta, la distanza tra la sua teoria e la sua prassi (o meglio la prassi di alcuni suoi circoli più esclusivi): Fidelio è infatti l'opera profondamente morale di un autore che aveva preso sul serio i nobili ideali delle Logge e che non approvava il libertinismo (È noto l'imbarazzo di Beethoven di fronte al Don Giovanni mozartiano).

Infine, quando Bill viene scoperto e interrogato, la configurazione che affronta è quella di un Gran Maestro e due Sorveglianti (i loro colori, il rosso e il blu, con il bianco delle pareti, rinnovano l'ossessione kubrickiana per i colori della bandiera USA, colori presenti quasi in ogni sequenza del film) e l'immagine che la ritrae dall'alto mostra un'inequivocabile figura triangolare tipicamente massonica, racchiusa nel cerchio degli *"spettatori"*. Inoltre, nella colonna sonora ora risuona il semplice e sinistro Mesto. Parlando, secondo brano della raccolta di miniature pianistiche Musica ricercata (1953) di Ligeti, nel quale due sole note (fa e fa diesis), poste a distanza di un semitono ascendente, disegnano nell'aria simbolici triangoli sonori (abba) in un'atmosfera sonora misteriosa, memore delle sonorità inventate dal pianismo di Debussy. Tale musica indica ancora il potere massonico, raddoppiando i triangoli visivi in triangoli sonori (si ritrova la medesima figura melodica, insieme a molti altri incisi musicali tipici del complesso simbolismo sonoro liberomuratorio, ad esempio, nell'ultima composizione di Mozart, la cantata massonica Laut Verkunde Unser Freude K623 [1791; Ad alta voce annunzia la nostra gioia], diretta dal grande salisburghese in occasione dell'inaugurazione della loggia viennese Zur Neugekronten Hoffnung). Tuttavia, Bill non capisce. È il più ottuso dei protagonisti kubrickiani: non vuole evolvere come Alex, Redmond, Jack o Joker; semplicemente tenterà, nella seconda odissea, di comprendere, senza riuscirvi. Perciò non va neppure incontro alla catastrofe di chi come Pyle cerca di mutare il proprio stato senza averne i mezzi.

Bill viene salvato da Mandy: con l'episodio della morte della prostituta Kubrick indica il potere di vita e di morte esercitato dalla confraternita; è un evento che si presta sia a letture meramente simboliche (l'esercizio di un potere assoluto sulla vita della gente comune), sia esoteriche (pratiche di morte come parte integrante di riti satanici volti al rafforzamento della setta e dei suoi adepti). *"Eyes Wide Shut"* è il film più audace di Kubrick: Mozart morì mentre stava componendo un Requiem; Kubrick, che, ironia vuole, utilizza in una sequenza proprio un frammento di quel Requiem (sempre che sia stato lui a decidere quel commento musicale e non si tratti di una sinistra allusione; non sappiamo a che punto di completezza fosse la copia preparata dall'artista poco prima di morire), non ha potuto vedere compiuto questo film che considerava (giustamente) il suo capolavoro. Sulle improvvise morti di entrambi aleggia un certo mistero.

Analizzando in maniera più dettagliata la tenebrosa cerimonia, notiamo che la sequenza dura esattamente 18 minuti, suddivisi in tre parti distinte: il rituale di consacrazione (6 minuti), l'orgia (6 minuti), l'interrogatorio che prelude al sacrificio umano (6 minuti): dunque segretamente Kubrick allude al destinatario evocato nel castello, il 666 dell'Apocalisse, satana. Il rituale sembra ispirarsi al testo magico più noto del Novecento, *"Magick"* (1911-29) di Aleister Crowley (che amava soprannominarsi proprio grande bestia 666): nel cerchio il mago evoca le potenze malefiche; le parole recitate dal celebrante, opportunamente rese incomprensibili, coadiuvate dal canonico uso dell'incenso (sostanza prediletta da Crowley nei suoi cerimoniali), chiamano tali forze a manifestarsi nel Cerchio.

"Nelle operazioni di natura inequivocabilmente malefica, o che si affidano alle potenze del male, vesti nere o rosse sono in carattere con il tipo di cerimonia" (Richard Cavendish, La magia nera, 1967); infatti vesti rosse e nere sono prevalenti nel rito di consacrazione e

nel sacrificio finale. Nella parte centrale, dedicata alla *"magia sessuale"* ampiamente teorizzata da Crowley, le *"sacerdotesse"* consacrate dal mago diffondono tra gli adepti le energie malefiche comparse nel Cerchio, attraverso pratiche erotiche, in una sorta di eucarestia nera. Poi giunge il momento del sacrificio alle divinità (si ricordi che anche la setta dell'Overlook pretendeva da Jack in sostanza dei sacrifici umani; né può passare inosservato che Mandy e Wendy [Torrance], due vittime designate, emblemi di una sprovveduta debolezza, hanno un nome molto simile). Cavendisch afferma che *"nei rituali moderni la vittima viene spesso immolata al culmine del rito"*, mentre Crowley spiega, nel capitolo Del sacrificio cruento, che: *"Il sangue è la vita ...ogni essere vivente è un magazzino di energia di quantità variabile secondo le dimensioni e le condizioni di salute dell'animale. Alla morte dell'animale questa energia si libera improvvisamente. Perciò l'animale deve venire ucciso dentro al Cerchio... Per la più alta operazione spirituale bisogna scegliere la vittima che contiene la forza più grande e pura. Un bambino maschio di perfetta innocenza e di elevata intelligenza è la vittima più soddisfacente e più adatta."*

Sull'argomento il biografo di Crowley gli attribuisce asserzioni ancor più pertinenti: *"Il rito supremo dovrebbe creare un'atmosfera particolare attraverso la morte della vittima. Con questo rito si potrebbe raggiungere il vertice dell'Arte Magica. La cosa migliore sarebbe sacrificare una fanciulla, possibilmente vittima volontaria, perché se fosse maldisposta al sacrificio, potrebbe introdurre una corrente ostile"* (John Symonds, La grande Bestia, 1951, poi ampliato 1958).

La finalità di tutto il rito, rito che perfino Crowley definisce segretissimo e adatto *"soltanto a scopi importantissimi"*, consiste quindi nel ribadire la comunione dei Potenti con le sconosciute Forze del Male, comunione che è per loro fonte di costante rafforzamento. *"Fai ciò che vuoi"*, il celebre motto di Crowley, ben si addice a Ziegler e ai suoi amici. Insomma, se Aquino si era ispirato a 2001 Odissea nello spazio per il suo satanico *"Tempio di Set"* (1975; si veda quanto detto nel capitolo su *"Shining"*), Kubrick a sua volta sembra dargli ragione, aderendo completamente alle più diffuse pratiche della magia nera: nel rito del castello tutto sembra rivolgersi alle potenze oscure celate dietro al monolito. Certamente *"Eyes Wide Shut"* parla anche di amore, erotismo e questioni coniugali (si ricordi il titolo completo del Fidelio). Ma tale tematica assai più ovvia, sulla quale si è scatenata una stampa imbarazzata di fronte agli aspetti esoterici del film, non è la questione principale. Certamente essa si intreccia con il cuore dell'opera, ovvero il rapporto tra gente comune e moderne aristocrazie, ed anzi Kubrick tratta della questione del Potere proprio sul terreno della sessualità. Nella dimensione *"pacifica"* e urbana di *"Eyes Wide Shut"*, gli uomini del Potere si svelano tali non all'interno di complesse vicende socio-politiche (Strangelove, A Clockwork Orange, Barry Lyndon), bensì nel loro usare i corpi degli altri per il proprio piacere. Ziegler, dopo i dialoghi cerimoniosi con cui accoglie Bill alla festa, rivela il suo vero carattere a contatto con il corpo nudo e moribondo di Amanda. Nel freddo bagno (ancora blu-rosso-bianco per accappatoio, tende, pareti) l'imbarazzato padrone di casa (si è dovuto *"rivelare"* a Bill) ha fretta di liberarsi di quel corpo *"inefficiente"*. Al piano di sotto, un altro potente, Sandor Szavost (ungherese, in omaggio al carattere trasversale e cosmopolita delle moderne aristocrazie del potere) tenta di appropriarsi sfacciatamente del corpo di Alice (corpo, non a caso, mostrato nella sequenza d'apertura, ad indicare il centro dell'opera, il desiderio sessuale) esaltando la natura puramente e subdolamente erotica della femminilità (la spiegazione del matrimonio quale via maestra verso i più sfrenati piaceri sessuali) mentre due modelle tentano di sedurre Bill, per portarlo *"dove finisce l'arcobaleno"*. Rainbow: arco/ponte di luce; Bowman (2001; il termine compare su un cartellone pubblicitario, durante la seconda odissea newyorkese del protagonista): uomo-arco; intorno a queste parole Kubrick intese un'allusione alla possibile *"evoluzione"* del normale Bill in direzione di un *"aumento di luce"* (per usare una terminologia massonica), di una sessualità libera, disinibita, pronta a cogliere qualunque stimolo, senza alcun freno (nell'orgia appaiono anche due omosessuali: partecipano al ballo). Rainbow è infatti il nome del negozio di maschere in cui uno sciagurato padre prostituisce la figlia bambina (la piccola Lolita sussurra qualcosa di probabilmente osceno all'orecchio di Bill, così come Lolita a Humbert, nella sequenza chiave del film) ed è il luogo che offre a Bill un *"ponte/arco"* (bow) verso un altrove, un universo di completa, amorale realizzazione di sé posto *"al di là del bene e del male"*. È infine ancora il Settecento a far capolino: la cultura libertina, anch'essa legata strettamente a quella massonica, di un Casanova o di un De Sade. Settecenteschi sono il castello e le maschere della cerimonia.

A Bill si presentano numerose possibilità per *"evolvere"*, ma egli è troppo condizionato dalla cultura della debolezza e del conformismo. Negli ambienti del protagonista abbondano gli alberi di Natale, segni di quel cristianesimo principale responsabile di un'etica della rinuncia e della moderazione che, per Kubrick, si traduce infine in semplice debolezza e sottomissione, se non ottusa mediocrità. La vicenda di Bill termina infatti in un negozio di giocattoli, in una *"grigia"* atmosfera natalizia, rotta solo dalla secca, volitiva affermazione finale di Alice intorno alla necessità di *"scopare"*: contagiata (nella realtà e nel sogno) più di Bill, dai suoi contatti con l'ottica libertina dei Potenti, la donna appare smarrita e indecisa intorno al proprio futuro rispetto all'impaurito coniuge. Al contrario, negli ambienti del Potere i segni *"cristiani"*, qualora presenti, sono posti in posizione marginale, mentre compaiono altri *"indizi"*: la festa di Ziegler si svolge in un tripudio di *"Luce"*, nel quale abbondano le stelle (si è già detto del loro carattere massonico in *"Full Metal Jacket"*); nella casa del potente consigliere e della prostituta compaiono maschere (allusioni all'orgia oltre che alla doppiezza del Potere, alle sue regole di anonimato e silenzio). Insomma, *"Eyes Wide Shut"* racconta, a suo modo, l'eterno scontro tra Massoneria e Cristianesimo intesi come forza e debolezza (coerentemente con l'intera opera dell'autore).

Dopo la prima festa, in un'atmosfera casalinga di noia e disinteresse, i coniugi cercano di esorcizzare il grigiore quotidiano fumando marjuana; sotto l'influsso dell'erba perdono il controllo (ulteriore segno della loro mediocrità) e Alice confessa di essere stata attratta da un militare visto una sola volta, fino al punto di sentirsi disposta a lasciare Bill e la bambina per quell'uomo. Alice non parla di amore, dimensione totalmente assente nell'inconfondibile cinema di Kubrick; l'amore è solo una ferita che indebolisce, una deprecabile perdita di controllo che non può interessare l'autore. Al contrario Alice parla di totale, feroce attrazione fisica, non dissimile da quella che anima i selvaggi accoppiamenti dell'orgia. L'insulso Bill ora *"vede"*, intuisce qualcosa che non immaginava: la femminilità è pura sessualità, ricerca ossessiva dell'accoppiamento; la sua tranquillità è scossa, il suo orgoglio ferito: per lui Alice non sarà più quella di prima. Né è un caso che l'oggetto del desiderio di Alice sia un militare (non è tale in Schnitzler), un guerriero simbolo superiore della forza (il *secondo livello* di cui si è detto, commentando *"Full Metal Jacket"*). Bill inizia la sua prima odissea (il forte legame con 2001 Odissea nello spazio è sottolineato dalla presenza sui titoli di testa del valzer dalla Suite per orchestra jazz n 2 [1938] di Sostakovic, una specie di caricatura sanguigna e beffarda dei valzer di Strauss, così come alle perfette *"danze spaziali"* delle astronavi si contrappone lo smarrito, disordinato vagabondare terrestre del protagonista); vorrebbe vendicarsi e ne ha subito l'opportunità: l'insoddisfatta Marion, figlia del consigliere morto, lo assale nella stanza dove giace esanime il corpo del padre, ma Bill non osa, non riesce a uscire dalla propria dimensione. Marion e il suo fidanzato, due personaggi scialbi, costituiscono un raddoppiamento di Bill e Alice; anche fisicamente si assomigliano. In una stanza, memore di quella in cui Bowman muore e rinasce (arredi settecenteschi in entrambe), di fronte al corpo senza vita di Nathanson, certamente un Potente (lo dicono la casa elegante e severa; la presenza di maschere; la marginalità dei segni natalizi), Bill non *"rinasce"*, non evolve; imbarazzato lascia e fugge.

La prostituta è un obiettivo più scontato, ma anche con lei Bill abbandona dopo aver sentito la voce della moglie al telefono. Nel frattempo, nel percorso che conduce da Marion alla prostituta, Bill ha incrociato un *"branco"* di ragazzi violenti che lo ha insultato e definito *"checca"*: sono i drughi di Alex e i marines di Animal che stabiliscono la distanza tra loro e il tormentato, debole protagonista. *"Eyes Wide Shut"* costituisce anche una sorta di luogo di incontro di tutte le figure del cinema kubrickiano; in tal senso si tratta veramente di un'opera riassuntiva.

La terza tappa dell'odissea è al Sonata Café. Nel locale Bill trova l'amico Nightingale, il quale ricopre il ruolo di inconsapevole messaggero dei Potenti, simile a quello di Lloyd all'Overlook (anche qui lo conferma la somiglianza fisica dei due attori). Il locale, immerso in un rosso intenso, il colore del sangue, costituisce il logico preambolo all'atmosfera claustrale dominante nelle sale del castello. Nightingale, servo dei potenti, ne parla con deferenza e al cellulare accantona di colpo i toni scherzosi della conversazione in corso con Bill per irrigidirsi in un atteggiamento di *"obbedienza"*. La quarta tappa è il Rainbow, luogo dell'arco e della pioggia, della *"luce"* e del piacere disinibito: due pervertiti e giocondi giapponesi, esponenti simbolici anch'essi di una razza ammessa a condividere il potere statunitense, approfittano di una stuzzicante Lolita dopo aver pagato la tariffa al padre. Tutto è in vendita nell'universo USA: il denaro, sorta di divinità neopagana, è l'elemento che stabilisce il discrimine tra aristocrazie venali e ordinary people. Bill, in fondo, significa anche conto in inglese, e durante le sue odissee sperpera larghe somme per ottenere ciò che vuole. Il valore delle persone si misura in dollari: il potente Ziegler riconosce la bravura di uno specialista presso cui è stato in cura, anche dalla consistenza del conto che ha dovuto pagare; Milich, il padre della Lolita, nel secondo incontro con Bill è esplicito: *"non vendiamo solo costumi"*, dice, alludendo alla giovane; lo stesso protagonista viene identificato come intruso alla cerimonia a causa della sua relativa *"povertà"* (il taxi, il costume a nolo). Tuttavia anche nella quarta tappa l'atteggiamento di Bill è moralistico: anziché inserirsi nell'orgetta vagamente pedofila, anticipazione *"povera"* (ma i giapponesi sono pur sempre partner secondari del Potere; il loro paese è stato completamente distrutto dagli americani nel secondo conflitto e poi ricostruito sotto il loro controllo) della solenne cerimonia di magia sessuale, invoca la Polizia, né dà ascolto ai sussurri lussuriosi della ragazza. La lunga galleria di figure femminili mette a fuoco la donna in relazione alla sua sessualità, al suo innato desiderio di accoppiamento. Alice vive nella noia di un asessuato universo familiare; madre di famiglia, si sente inutile, avendo già *"espletato"* la sua funzione primaria. Al contrario, le altre figure femminili appaiono tutte più vitali in quanto *"professioniste"* dell'amore: le due modelle, Amanda/Mandy (il nome è tutt'altro che casuale), Domino e Sally, la Lolita del Rainbow, le *"sacerdotesse"* costituiscono un modello di femminilità attiva del quale Alice prova una cocente nostalgia. Nell'universo kubrickiano la donna, certamente marginale, è connessa unicamente con l'erotismo e la riproduzione. Kubrick sembra dunque condividere la visione femminile presente in un celebre e *"scomodo"* saggio, *"Sesso e carattere"*

(1903), di Otto Weininger, testo profondamente inattuale, nel quale l'essenza della donna è definita unicamente in relazione alla sua sessualità *("L'amplesso è il valore massimo della donna, che essa vuol veder realizzato sempre ed ovunque"; "la donna è la rappresentante dell'idea di promiscuità in generale")* ed in cui ogni illusione *"progressista"* insita nel movimento di emancipazione femminile viene liquidata senza mezze misure (*"L'uomo più basso è infinitamente superiore alla donna più eletta"*).

L'orgia mostra il protagonista ancora perplesso e impaurito: egli si limita a guardare. Il rito, non dimentichiamolo, ha luogo nei giorni del Natale e si configura come un festeggiamento rovesciato, come un provocatorio rituale di sesso e di sangue che può essere rivolto solamente a potenze infere. Alle sentimentali e consumistiche usanze natalizie la setta reagisce, celebrando la sua forza di prevaricazione, la sua capacità di appropriarsi di anime altrui. L'ordine del maestro rivolto a Bill, di spogliarsi, prelude a un omicidio rituale con il quale punire l'intruso, ricondurlo così alla regola del silenzio chiudendogli gli occhi per sempre. Bill si salva fortunosamente.

Inizia la quarta parte. A casa Alice racconta al marito il suo perverso sogno: la narrazione assume i toni di una seconda confessione. La donna si colloca ormai al di fuori della tradizionale fedeltà coniugale: nel sogno ha assaporato con orrore e piacere l'ebrezza di un'orgia di gruppo, un piacere che le ha fatto riscoprire l'essenza più intima della sua femminilità, ora sepolta in un uggioso matrimonio. Il parallelo con la vera orgia è sorprendente (si è già detto della connessione tra le assai simili immagini di Alice nuda e delle *"sacerdotesse"* dell'orgia; in fondo queste ultime, donne che hanno scoperto nella pura sessualità la loro vera essenza, costituiscono la meta segreta della trasformazione in atto nella protagonista): i due coniugi, come si vede, percorrono un medesimo cammino (l'uno in una realtà onirica, l'altra in un sogno realistico) che, come si è detto, produce esiti differenti.

Bill, nuovamente sconvolto, inizia la sua seconda odissea alla ricerca di spiegazioni. Scopre, senza difficoltà, che due uomini hanno picchiato Nightingale: si tratta dei due sorveglianti-guerrieri dell'Ordine, come due erano i custodi dell'Overlook. Il protagonista ripercorre le tappe della notte precedente (la struttura circolare del film richiama quella di A Clockwork Orange): torna da Milich dove ritrova i giapponesi e Lolita (sempre ricompaiono gli ossessivi colori della bandiera statunitense); torna alla villa mentre risuona il noto brano pianistico di Ligeti: anche ora il triangolo musicale massonico si traduce in fatto visivo poiché mentre Bill contempla spaventato l'edificio, il suo volto è incasellato in un'immagine non casualmente tripartita.

Poi è il turno di Marion, ma il tentativo muore sul nascere, poiché al telefono risponde il fidanzato di lei. A casa della prostituta Domino trova una seconda ragazza, Sally che gli parla di AIDS: la libertà sessuale sembra avere un costo e un rischio; ancora una volta Bill fugge. Ossessionato dalla gelosia il protagonista sembra venire deriso perfino da insegne luminose quali Verona Restaurant (ovvero la città di Romeo e Giulietta) e, nel vicino negozio di indumenti intimi, A Hint of Lace (un suggerimento di pizzo). Intanto qualcuno lo sorveglia; il giornale parla di lui (il titolo recita *"Lucky to be alive"*, fortunato ad essere vivo Ndr); nel bar dove si rifugia risuona il Rex Tremendae dal Requiem di Mozart, complicata allusione al potere massonico (Mozart era un importante affiliato), al destino pericoloso che grava ormai su Bill, alla morte di Mandy, perfino forse alla morte di Kubrick. L'odissea si conclude di fronte al cadavere della ragazza, ai suoi occhi definitivamente chiusi.

La quinta parte, il dialogo tra il potente e l'uomo comune, è magnifica: in questo accecante finale l'apparente protagonista viene ridotto a figura marginale mentre un presunto personaggio del fondale si rivela il personaggio chiave, confermando che il vero Potere si cela nell'ombra, in un discreto *"silenzio"*, ed esce allo scoperto, con evidente fastidio, solo se obbligato da circostanze impreviste (come già era successo nella sequenza del bagno della prima parte). In una sala elegante, piena di antichi libri e dominata da un biliardo il cui panno rosso evoca il sangue (in *"Eyes Wide Shut"* il rosso è il colore dominante, diretta emanazione della cascata di sangue dell'Overlook; rossi sono la porta di casa della prostituta, alcune pareti del Rainbow, gli interni del Sonata cafè, la veste del cerimoniere e il pavimento della sala dell'orgia; né possono mancare, nella decisiva stanza del finale dialogo rivelatore, il blu e il bianco), uno spavaldo Ziegler tenta dapprima di *"depistare"* Bill mediante un'edulcorata storiella e un atteggiamento paternalista;

non riuscendovi, egli accantona i toni amichevoli e forbiti e passa a quelli spicci e volgari di chi è abituato a disporre della vita altrui. L'umanitarismo di Bill (simile a quello che ingenuamente animava il colonnello Dax nella simile sequenza conclusiva di *"Orizzonti di Gloria"*) è appena tollerato dal crudo Ziegler, come una menzogna diffusa tra la gente comune, alla quale bisogna prestare qualche attenzione. Ma infine l'uomo si spazientisce, chiarisce che Mandy era solo una *"puttana"* (c'è un'eco del disprezzo di Grady per Hallorann, il *"cuoco negro"*) e quasi minaccia Bill, ricordandogli che ora corre un grave pericolo, avendo scoperto le cerimonie segrete di uomini, i cui nomi, se rivelati, turberebbero i suoi sonni. È evidente che il padrone di casa allude alle moderne aristocrazie, agli uomini del gotha del potere politico, finanziario, industriale e militare. Minimizza infine la morte/omicidio della giovane, senza più troppo nascondere le responsabilità della setta; d'altronde il protagonista, esempio di quella *"gente qualsiasi"* citata con sufficienza da Ziegler, a questo punto preferisce non approfondire: egli ora non chiede di meglio che di essere ingannato e di tutto dimenticare; accetta dunque di buon grado le agnostiche (dunque anticristiane, semmai ci fosse bisogno di un'ulteriore conferma) e generiche parole conclusive di Ziegler: *"È morta una. Succede ogni giorno. La vita continua fino a quando non continua più. Ma questo tu lo sai, no?"*.

Con esse appare la fragile transitorietà dell'esistenza ed allora tutto, anche la hobbesiana logica sopraffattoria che regola le umane cose, sembra farsi più tollerabile. Il crudele e *"vittorioso"* Victor Ziegler in fondo è assai più sapiente dell'ingenuo Bill. Ancora una volta uno scettico, imperturbabile e amorale nichilismo sembra animare e risolvere coerentemente la kubrickiana visione del mondo.

A casa Bill trova l'ultimo avvertimento: la maschera, forse dimenticata al castello, sul suo cuscino; l'Ordine minaccia così la sua famiglia e gli impone il silenzio. Le immagini *"rubate"* a una dimensione "altra" devono essere cancellate dalla sua memoria; i suoi occhi devono tornare ad essere *"wide shut"*. Il protagonista, come ultimo gesto, spegne l'inutile albero di Natale: la logica cristiana è una vuota favola, la sua *"luce"* è fuorviante e allontana dalla verità; si può cancellare.

Nell'epilogo, in un colorato (sempre rosso, blu e bianco) negozio di giocattoli popolato da *"gente qualsiasi"* in cerca di regali natalizi, in una dimensione di banale quotidianità, i coniugi Harford tirano un primo bilancio: Bill non chiede di meglio che di rientrare totalmente in quella rassicurante dimensione, Alice appare più indecisa; la sua richiesta di *"puro sesso"* (non di amore), sembra indirizzarsi verso una riscoperta della propria femminilità e un uso più spregiudicato del proprio corpo.

Per finire ancora due noterelle, le stesse che chiudevano la trattazione di *"Shining"*. In *"Eyes Wide Shut"* il maestro insiste nel propinarci la pubblicità di sigarette (un'insegna ripresa con insistenza in prossimità del Sonata Café) già comparsa all'Overlook; perché macchiare così un film perfetto? Più stimolante, come sempre, un possibile ammiccamento *"lunare"*: durante la seconda odissea, nella strada della prostituta compare un grande cartello intitolato Bowman e raffigurante un'immagine lunare; nella stessa inquadratura appare anche The Lotto Store, un negozio vicino alla casa di Domino: certamente Bowman, l'oltreuomo, rappresenta una meta verso la quale l'innocuo Bill, sorta di moderno e grigio Papageno, non riesce a incamminarsi e ad *"evolvere"*; uscendo però dall'ovvio riferimento alla vicenda filmica, *"2001 Odissea nello spazio"* e la luna vengono collegate al gioco (il lotto), alla simulazione (la casa della prostituta) e in definitiva al Potere (tra l'altro era intenzione di Kubrick girare questa *"trasposizione"* di Schnitzler subito dopo il film spaziale). *"Eyes Wide Shut": il titolo stesso, velata allusione alla cieca credulità della gente comune, si riferisce forse anche all'impresa lunare*[28]*?"*

Come abbiamo visto, l'analisi di Giuseppe Rausa ci permette di capire quanti possono essere i livelli per veicolare informazioni attraverso un film. Narrazione, luoghi, simboli, musica, colori, montaggio etc. Poco importa che non tutti possano cogliere ogni riferimento, perché quello che conta è la grande suggestione creata dall'insieme. Ecco perché è imprudente sottovalutare il potere di questi mezzi. Riflettiamo ancora per un momento sull'enorme offerta oggi disponibile per quanto riguarda l'intrattenimento per bambini e ragazzi; tra film, videogiochi e musica. Pensiamo alle molte star bambine della Disney, che esordiscono nei film per famiglie, tutte acqua e sapone, pronte a

---

[28] http://www.giusepperausa.it/eyes_wide_shut.html

trasformarsi nel giro di pochissimo tempo, una volta celebri, in *"Bad Girls"* (ragazze cattive Ndr) che magari esordiscono come cantanti i cui testi inneggiano al sesso sfrenato, al satanismo, alla droga etc. e i cui video sono contenitori di simbologia e programmazione mentale. Quanto riusciamo a proteggere i nostri figli da questo indottrinamento se non riusciamo nemmeno a proteggere noi stessi da una stimolazione continua, invisibile e pervasiva? Non abbiamo forse noi tutti gli occhi spalancati ma chiusi? Siamo ormai teledipendenti dalle nuove realtà del consumo in streaming come Netflix. Ci siamo innamorati delle serie TV e non ne abbiamo mai abbastanza e questi network, si preoccupano di offrircene in continuazione per non mandarci in astinenza. Tutte queste serie propongono modelli di comportamento e di pensiero; ci insegnano e ci addestrano all'abitudine di una società decisa e programmata a immagine di chi manovra i fili dietro le quinte. Abbiamo perduto il nostro senso critico e la capacità di reagire perché non siamo in grado di vedere il nemico e i suoi attacchi. Crediamo ancora che le dittature debbano per forza manifestarsi con un pazzoide che arringa la folla e non comprendiamo che i sistemi odierni sono molto più sofisticati e invisibili. Stiamo rinunciando alla nostra privacy ripetendo il mantra che *"Non abbiamo nulla da nascondere"* e non siamo più in grado di comprendere le implicazioni della perdita progressiva dei nostri diritti. Abbiamo opinioni preconfezionate che ci sono state cucite addosso e forse è ora che ognuno di noi ricominci ad allenare il proprio spirito critico e guardare più in profondità perché il mondo che lasceremo ai nostri figli, che sono già sotto un attacco feroce, dipenderà anche dalla nostra capacità di reagire a queste sollecitazioni. I manovratori occulti non sono certo invincibili, la loro forza sta soltanto nella nostra ignoranza e nella loro invisibilità.

"Videocracy"[29] di Erik Gandini – 2009.
Il documentario del regista italo-svedese sulla televisione italiana illustra in modo esemplare il lavaggio del cervello subito dal nostro paese. Il problema è che mentre all'estero è stato considerato un *"Film Horror"* scioccante, in Italia, oltre ad averlo visto in pochi (grazie alla censura operata all'epoca da Silvio Berlusconi che ne boicottò la distribuzione),

---

[29]https://www.imdb.com/title/tt1500516/?ref_=fn_al_tt_1

chi ha avuto modo di visionarlo non ne ha assolutamente capito le implicazioni considerandolo un film su personaggi televisivi che in fondo conosce benissimo e quindi scarsamente interessante se non a livello di mero gossip.

Come ho avuto modo di spiegare nel precedente saggio, siamo in grado di comprendere e analizzare delle operazioni di propaganda e manipolazione quando le osserviamo in un contesto culturale diverso dal nostro, in cui non ci riconosciamo. Per questo, ad esempio, è più facile comprendere le operazioni di propaganda operate durante il nazismo; perché si tratta di un periodo lontano nel tempo in cui la base culturale e sociale era diversa e lontana dalla nostra attuale percezione. Questo ci permette di vedere con più chiarezza e obiettività, ma il film di Gandini mostra la realtà nella quale siamo immersi quotidianamente, ed è per questo motivo che non riusciamo a capirlo in tutta la sua agghiacciante e cruda verità. Il film illustra molto bene come le menti degli italiani sono state manipolate nel sistema di valori, nelle opinioni e nel pensiero critico; illustra l'operazione di *"abbassamento"* e *"livellamento"* della cultura operata in più di trent'anni dalla televisione di Berlusconi. Operazione che d'altra parte faceva parte del manifesto della P2 di Licio Gelli, che è di pubblico dominio.

Si tratta di un documentario fondamentale che suggerisco a tutti di visionare specialmente se avete compreso come funziona la propaganda. Chi ha letto il primo *"Sub Limen"* ed è arrivato fino a qui, non dovrebbe avere difficoltà a comprendere le implicazioni di questo prezioso lavoro di Erik Gandini del quale suggerisco almeno due visioni: la prima seguendo il documentario, e la seconda, se ve lo siete procurati in formato DVD, ascoltando il commento audio del regista (in lingua italiana) che arricchisce l'esperienza con molti aneddoti e riflessioni su ciò che ha realizzato e che stiamo vedendo.

10. Un invito a riflettere

Abbiamo dato vita a un diramato sistema di comunicazioni mediante radio, televisione e giornali, e tuttavia la gente è disinformata e indottrinata più che informata della realtà politica e sociale.
(Erich Fromm)

Ho tentato in questo testo di offrire una panoramica su come il cinema ha influenzato e continua ad influenzare le nostre vite. Mi rendo conto che molti degli argomenti trattati possono suscitare turbamento e in alcuni casi una sorta di incredulità, ma ritengo di aver fornito, sia le argomentazioni che dimostrano precise volontà di veicolare certi messaggi anche se paiono sorprendenti come in alcuni casi illustrati della predizione predittiva, sia gli strumenti per permettere ad ognuno di approfondire le varie tematiche. Alcuni aspetti trattati si spingono verso i confini di pratiche esoteriche e ideologie religiose che ovviamente non sono state indagate, perché lo scopo di questo saggio non è quello di giudicare o dimostrare che certe pratiche hanno o meno una plausibile dimostrazione di veridicità. Ciò che è rilevante, è la constatazione che questo tipo di attività esistono e vengono utilizzate allo stesso modo in cui, altre realtà, come ad esempio il nazismo, utilizzava la simbologia esoterica nelle sue attività e nella sua ideologia. Il tema centrale di questo lavoro è mirato a dimostrare come, le grandi suggestioni emotive che subiamo vedendo un film, siano in grado di influenzarci e manipolarci sotto molteplici aspetti che riguardano la sfera dei nostri valori, delle nostre idee e delle nostre opinioni; e come indagato dalle neuroscienze, questo avviene attraverso una moltitudine di stimoli in grado di provocare reazioni fisiche, chimiche e cellulari all'interno del nostro corpo.
Essere consapevoli di tutto questo rappresenta un grande vantaggio perché ci permette di esercitare quel pensiero critico che queste vere e proprie psy-op (Gergo militare per Operazioni psicologiche Ndr) tentano di bypassare. La pratica di riacquistare un senso analitico grazie alla consapevolezza e alla conoscenza delle tecniche utilizzate per manipolare i nostri stati emotivi, rappresenta un antidoto in grado di rendere inefficace, almeno in parte, quelle manovre mirate a plagiare e indottrinare i nostri pensieri.

Da grande appassionato di cinema, non è mia intenzione provocare un rifiuto verso questa forma di intrattenimento, che è anche in grado di ispirare positivamente le coscienze e che a ragione è considerata la settima arte. Questo testo vuole essere un invito alla riflessione e un monito a tenere sempre alta l'attenzione verso i molteplici inganni e il potere di utilizzare questo mezzo per scopi tutt'altro che nobili mascherati dall'invitante concetto di *"divertimento"*.

Essendo stato per molti anni uno sceneggiatore di fumetti e poi un regista, occupandomi quindi di creare illusioni attraverso storie fantasiose e imparando successivamente a conoscere il potere dell'immagine come veicolo per creare grandi suggestioni, ho capito velocemente, anche grazie ai maestri che mi hanno guidato in questo percorso, la necessità di avere un'etica nel veicolare il messaggio. La posizione privilegiata del creatore di illusioni può alimentare il proprio ego ed essere presa alla leggera, ma non bisognerebbe mai dimenticare che dall'altra parte ci sono persone che leggeranno le tue storie e potrebbero esserne colpite, riceverne emozioni; e questo impone un grande senso di responsabilità anche se ci si dedica al puro intrattenimento. Quando lavoravo per la Walt Disney, scrivendo le storie dei paperi, ebbi la grande fortuna di avere come mentore il maestro di tutti gli sceneggiatori Disney italiani: *"Rodolfo Cimino"*. Le sue storie erano amate dai bambini e dai novantenni perché erano storie avventurose, fantastiche, ma nello stesso tempo erano pregne di cultura, etiche e dai valori morali elevati. Con Cimino imparavi a leggere, a comprendere una prosa alta, imparavi la geografia e la storia, e il grande sceneggiatore sapeva trasmettere i concetti di solidarietà, libertà ed empatia. Rodolfo Cimino era un vero artista, nel senso più alto di questo termine. Mentre il mio primo maestro a cui devo la conoscenza delle arti narrative fu lo scrittore, sceneggiatore e giornalista, Alberto Ongaro. Un altro grande uomo che fortunatamente incrociai nel mio cammino e che riuscì a trasmettermi gli stessi valori di integrità, etica e solidarietà. Ongaro era amico dello sceneggiatore argentino Héctor Oesterheld[1] che scrisse il fumetto, considerato un capolavoro della fantascienza mondiale: *"L'Eternauta"*.[2] La storia, utilizzando la

---

[1] https://it.wikipedia.org/wiki/H%C3%A9ctor_Oesterheld
[2] https://it.wikipedia.org/wiki/L'Eternauta

metafora di un'invasione aliena, parlava in realtà del terribile regime militare che stava opprimendo il suo paese. Oesterheld scomparve nel 1977, prelevato da una squadra armata e diventando uno dei tanti *desaparecidos* vittime della dittatura. Spirirono e vennero uccise anche quattro sue figlie, due delle quali incinta. Nel 1983, Alberto Ongaro scriverà, per omaggiarlo, la sceneggiatura de *"L'Eternauta parte terza"*, che verrà sempre disegnata dall'autore della prima opera, Solano Lopez[3].

Questi grandi artisti, che hanno lavorato nell'intrattenimento, hanno prodotto autentica cultura, il che significa che le loro opere sono state capaci di elevare lo spirito umano e lasciare un segno di bellezza: *"...Fatti non foste a viver come bruti..."* scrisse Dante. Oggi però viviamo in un sistema che insegue il sogno di rendere tutti dei bruti, per esercitare più facilmente un controllo assoluto. Libertà, verità e bellezza sono valori da abbattere perché non permetterebbero il dominio dei pochi sui molti. L'idea di essere in grado di dominare le menti e i pensieri della gente, esalta l'ego di chi pratica queste strategie e che può quindi cullarsi nell'immagine di onnipotenza che ne deriva. Purtroppo, in questa società materialistica molti artisti tradiscono la propria vocazione in cambio di visibilità, successo e denaro; mettendo il proprio talento al servizio di forze oscure. E tutte le volte che succede è come assistere al tradimento del giuramento di Ippocrate da parte di un medico. Per questo ritengo che ogni singola persona abbia una responsabilità individuale sia nel proteggere sé stessa attraverso la conoscenza, che nel riconoscere, per parafrasare Italo Calvino, ciò che non è inferno, e dargli spazio, e farlo crescere.

Quando i registi, o le case di produzione, sia cinematografica che televisiva, vengono criticate per la bassa qualità o l'autentica spazzatura che propinano al pubblico, la risposta è sempre uguale: *"Diamo al pubblico ciò che il pubblico vuole"*. Ovviamente è una menzogna e un modo per allontanarsi da ogni responsabilità, perché in realtà sono loro a proporre e suggerire al pubblico cosa guardare, indirizzandolo verso mete concepite a tavolino, in riunioni strategiche che si pongono obiettivi ben precisi e in cui il pubblico perde la sua caratteristica di *"insieme di individui"*, per trasformarsi in *"massa"* stupida incapace di

---

[3]https://storiedabirreria.blogspot.com/2020/03/leredita-delleternauta-parte-3.html

pensare, e sostanzialmente, in *"prodotto"* da sfruttare e manipolare a piacimento.

Ovviamente ognuno di noi è responsabile di questo atteggiamento arrogante, perché con il nostro comportamento passivo e la nostra accettazione acritica forniamo una giustificazione al loro modo di pensare. Bisogna però aggiungere che molti di noi non ne sono consapevoli ed è per questo che serve una cultura e una conoscenza in grado di scoprire il trucco dell'illusionista e renderlo così manifesto e inefficace. In questo modo saremo noi a rifiutare una narrativa preconfezionata operando un cambio di prospettiva.

Anche se le cose che avete letto in questo libro possono risultare inquietanti e restituirvi una spiacevole sensazione di impotenza, la conoscenza che avete acquisito si tradurrà in una consapevolezza che potrebbe spingervi a saperne di più al fine di essere maggiormente protetti. Questa conoscenza è un invito a rifiutare la massima di Gustav Le Bon secondo cui: *"Per molti, libertà è la facoltà di scegliere le proprie schiavitù"*, per abbracciare quella di Theodor Adorno che recita: *"La libertà non sta nello scegliere tra bianco e nero, ma nel sottrarsi a questa scelta prescritta"*.

Tutti siamo in grado di comprendere valori fondamentali come il bene e il male, ma attraverso la narrativa che ci viene propinata ogni giorno si è creata una zona grigia che non ha più definizioni chiare; il *"politicamente corretto"* e il concetto di *"buonismo"* di cui sono stati invasi tutti i prodotti dell'intrattenimento, ci hanno resi immobili nella realtà, incapaci di prendere posizione, e non è assurdo dire che la pratica del politicamente corretto ha scatenato i peggiori demoni mettendo in luce le peggiori caratteristiche umane. Come scrive Enrica Perucchietti: *"...Il sistema odierno in cui viviamo è una forma di totalitarismo "dolce", che rispetto all'immagine dispotica di regime che abbiamo in mente, tende a distrarre l'opinione pubblica e a manipolarla in maniera dolce appunto. Questo perché ha capito che la manipolazione mentale è più efficace rispetto alla coercizione fisica. Si cerca praticamente di distrarre l'opinione pubblica somministrando i famosi circensi, l'intrattenimento. L'ideologia apparentemente buonista è in realtà la prima ad essere violenta, perché si scaglia contro chiunque tenti di essere realmente libero e contro qualunque forma di dissenso. Quest'ideologia che fa leva sul mantra dei diritti, dietro la maschera politicamente corretta è feroce e non permette a nessuno di porsi contro di essa…"* [4].

E allora, come scrisse Jorge Louis Borges: *"Forse l'etica è una scienza scomparsa dal mondo intero. Non fa niente, dovremo inventarla un'altra volta."*

---

[4] https://www.radioradio.it/2019/11/il-buonismo-e-la-maschera-piu-fero-ce-del-pensiero-unico-vi-spiego-perche-%E2%96%BA-enrica-perucchietti/